고고학 첫걸음

My First Archaeology

이창희 역

사오토메 마사히로 · 시타라 히로미 편저

주류성

고고학 첫걸음

편　저 | 사오토메 마사히로 早乙女雅博 · 시타라 히로미 設楽博己

옮긴이 | 이창희

펴낸이 | 최병식

펴낸날 | 2024년 3월 4일

펴낸곳 | 주류성출판사 www.juluesung.co.kr
　　　　서울특별시 서초구 강남대로 435 주류성빌딩 15층 주류성문화재단
　　　　TEL | 02-3481-1024(대표전화) · FAX | 02-3482-0656
　　　　e-mail | juluesung@daum.net

값 22,000원

ISBN 978-89-6246-526-6 93910

"이 책은 부산대학교 기본연구지원사업(2년)에 의하여 연구되었음"

본 저작물에는 전주 완판본체, 빛의 계승자체, 아리따체 등이 활용되었습니다.

고고학 첫걸음

My First Archaeology

이창희 역

사오토메 마사히로 · 시타라 히로미 편저

한국연구재단 4단계 BK21 사업 교육연구팀(부산대학교 고고학과)으로부터 출판비 일부를 지원받았음

프롤로그 ^{譯者}

　　고고학자가 연구하고 있는 물질자료(유적·유구·유물)는 발굴조사를
통해 생산된다. 매일 전 세계에서 유적이 발굴되고 있고, 이를 통해 계속해
서 새로운 역사적 사실이 밝혀지고 있다. 고고학자는 이러한 물질자료를
면밀하게 분석하여 인류의 발자취를 해명해 가고 있다.

　　고고학의 성과와 자료는 결코 연구자만의 것이 아니라 사회적 자산으
로서 환원되어 인류의 미래에 도움을 줄 수 있는 기능을 해야 한다. 그것
이 가능해질 때 고고학이라는 학문의 정체성은 대중에게도 우수하고 유용
한 학문으로서 기대될 것이다. 그러기 위해서는 고고학자가 나서서 문화
재를 연구 대상으로만 보는 시각에서 벗어나 대중과 함께하는 학문으로
유도해야 한다. 최근 한국에서도 대중고고학을 위한 다양한 노력이 이루
어지고 있으나 주로 대중이 어떻게 문화재를 활용할 수 있을까에 주력하
고 있는 듯하다. 결국 학문 자체의 이해가 수반되지 않는다면 사상누각에
불과하다. 역자는 이러한 문제점을 환기시키기 위한 일환으로 번역서를
계획하게 되었으며, 전공으로 삼을 고고학 초심자뿐만 아니라 비전공자와
대중에게도 고고학이라는 학문의 기초를 알리고자 하였다.

　　한국고고학계에는 이론서가 많지 않다. 지금까지 서양의 고고학 이론

서가 일부 번역되어 출간되었으나 한국고고학의 실정과 맞지 않는 사례가 많았다. 그리하여 대학에서도 저학년 수업이나 교양과목 등에서 교재로 이용할 수 있는 도서가 부족하다. 이에 한국고고학과 밀접한 관계에 있고 이론적 내용의 적용이 편리한 일본의 고고학 관련 도서를 선정하여 번역서로 출간하고자 하였다. 또한 본문에서는 한반도에서 일본열도로 건너간 사람과 물건에 대한 내용이 자주 등장하기 때문에 실제 고고학적인 정보로서도 유익하다. 교수자의 입장이라면 경우에 따라 일본 사례를 한국의 사례로 바꾸어 보는 방법도 도움이 될 것으로 생각된다.

일본에서는 일찍부터 고고학 입문서나 이론서가 간행되어 왔다. 그러나 새로운 자료들이 쏟아져 나오고 있고, 새로운 분석법이 개발, 보급되고 있는 현황에 비해 현재와 미래에 적용 가능한 새로운 고고학 입문서 및 이론서의 간행은 지지부진하다. 따라서 비교적 최근에 발간된 본서를 선정하였고, 원서는 일본의 방송대학 「고고학」 교과목의 교재로도 사용되었기 때문에 역자가 대상으로 삼은 독자층과 부합할 것으로 생각된다. 원서의 제목은 단순히 「고고학」이지만 내용의 성격을 고려하고, 접근성 제고를 위해 번역서 제목은 「고고학 첫걸음」으로 바꾸었다. 또한 원서는 14장으로 이루어져 있지만 XI~XIV장은 일본고고학의 시대·지역사에 대한 내용이 중심이므로 제외하였다.

이 책은 전반적으로 입문서의 성격을 띠고 있지만 최근 고고학에서 활발히 이용되고 있는 자연과학적 분석법에 대해서도 소홀히 하지 않고 있어, 학제적 연구의 중요성이 잘 드러난다. 또한 시간과 공간의 분석, 생업을 달리한 사람들과 터전에 대한 고고학적 접근, 정신문화 등 충실한 내용을 바탕으로 다양한 방법과 시점을 제공하고 있다. 역자를 포함한 기성 연구자 역시 초심을 돌아보고 쉬이 지나쳤던 고고학의 기초를 거듭 되새기게 하는 명문들이 곳곳에 숨어 있다. 부디 이 책이 독자로 하여금 고고학

세계의 문을 두드리게 하는 단초가 되길 바라며, 초보 고고학자에게는 심화 학습의 계기가 되길 바란다.

끝으로 아무런 조건 없이 번역서 출판을 수락해 주신 원서의 집필자 선생님들과 발행에 이르기까지 물심양면으로 지원해 주신 주류성 출판사 관계자 여러분께 감사의 말씀을 전한다. 특히 대표 저자 중 한 분인 시타라 히로미(設楽博己) 선생님이 일본 측 출판사 및 저자들과 중간에서 여러 차례 적극적으로 교섭을 해주신 덕분에 수월히 번역서가 출판될 수 있었기에 각별히 감사의 말씀을 전하고 싶다.

2023년 10월
역자 이창희

저자들이 일본의 고고학자이므로 일본의 사례가 자주 등장할 수밖에 없다. 가능한 범위 내에서 우리나라를 기준으로 소극적인 가감을 한 번역이다. 그렇지만 동아시아 고고학에서는 대체로 유명한 사례가 많아 그리 큰 위화감은 없다. 일본의 인명과 지명 등 고유명사를 사용할 경우 대한민국 국립국어원이 정한 일본어의 외래어 표기법을 따르며, 일본어(일본식 한자 포함)는 괄호 안에 표기하였다.

원서에는 각주가 거의 없다. 역자가 판단하여 추가 설명이 필요하다고 생각되는 전문 용어, 옛 지명 등에 대해서는 역주를 달았다. 또한 현재의 행정구역으로 표현하지 않고 몇 개의 현(縣)을 합쳐 부르는 지방명, 지형·지리의 구분 등에 대해 가능한 한 많은 정보를 닮아 이하에서 그림으로 제시하도록 한다.

우리나라의 신석기시대~삼국시대에 병행하는 일본의 시대구분은 일반적인 삼시기구분법(돌·청동·철의 시대)을 따르지 않아 세계의 시점으로 보더라도 특이한 시대명칭을 사용하고 있다. 이하에서 간략한 설명을 붙여두도록 한다.

조몬시대(繩文時代) 약 1만 6천년 전부터 야요이시대가 시작하는 기원전 10세기까지. 토기의 출현을 획기로 하여 구석기시대와 구분한다. 19세기 후반 오모리(大森)패총의 발견으로 일본열도에서도 신석기시대의 존재가 확인되었고, 출토된 토기를 조몬토기로 명명하게 되었다. 이 조몬토기가 사용된 시대를 조몬시대라 한다. 최근 토기의 출현기에는 여전히 구석기시대의 전통이 강하고, 진정한 조몬토기를 비롯한 활과 화살, 정주 취락, 토우, 갈돌, 갈판 등의 조몬문화가 성립되지 않았기 때문에 조몬시대의 시작과 획기에 대한 논의가 활발하다. 한국고고학의 신석기시대, 청동기시대 전기와 병행한다.

야요이시대(弥生時代) 기원전 10세기 후반부터 기원후 3세기까지. 한반도 남부에서 전해진 벼농사(수전도작)의 개시를 기준으로 조몬시대와 구분한다. 과거의 연대에 비해 500년이나 소급되었지만, 일본의 고등학교 교과서에는 기원전 800년부터 야요이시대라 설명되는 등 점점 연대가 올라가는 추세이다. 벼농사가 전해진 후 약 500년이 지나 청동기와 철기가 차례로 등장하고, 집단 간의 분쟁이 자주 일어나는 등 통합과 재편을 거듭하면서 소국이 형성되어 간다. 한국고고학의 청동기시대 중·후기, 초기철기시대, 원삼국시대와 병행한다.

고훈시대(古墳時代) 3세기 중엽부터 6세기말까지. 전방후원분(前方後円墳)이라는 일본열도 특유의 고분문화가 계속된 시대이다. 나라현(奈良県)의 하시하카(箸墓)고분을 시작으로 서일본 각지에서 같은 형태의 전방후원분이 축조된다. 기나이(畿内)의 정치 조직을 야마토(大和) 정권이라 하며, 전방후원분을 공유한 호족 연합으로 보고 있다. 즉 전방후원분은 정치·사회 유지를 위한 중요한 역할을 하였으며, 이 고분의 처음과 끝이 고훈시대이다. 한반도의 삼국시대와 병행하는 역사시대로 볼 수 있다.

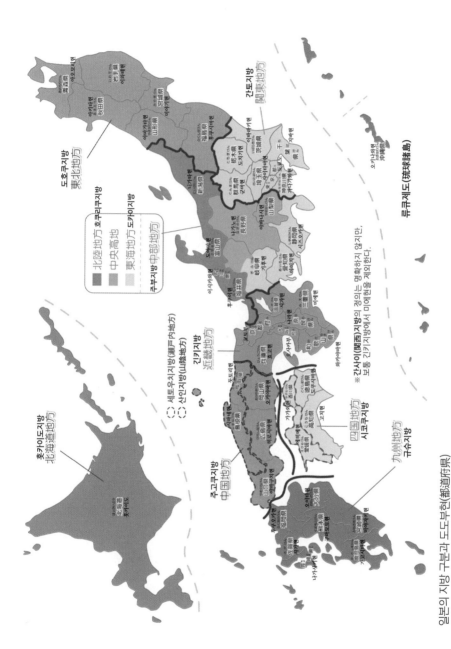

일본의 지방 구분과 도도부현(都道府県)

출처: [ちびむすドリル] https://happylilac.net 다운로드 후 개변

머리말

고고학이라고 하면 유적의 발굴과 새로운 발견을 연상하게 되는데, 로망이 있고 화려한 학문이라고 생각하는 사람도 많다. 발굴과 발견은 분명 고고학과 밀접한 관계에 있지만 본래의 목적은 「인류사회의 과거 복원」이다. 고고학자는 자기 자신, 혹은 다른 연구자의 발굴을 통해 연구 대상인 고고자료를 획득한 다음, 그 방대한 자료를 「어떠한 방법으로, 어떻게 분석」하면 목적에 가까워질 수 있는지 매일 고민하면서 연구하고, 새로운 성과를 내고 있다. 그 과정은 화려함과는 거리가 있는 지난한 작업이다. 방대한 자료라고 하였는데, 그것은 인류가 남긴 자취의 극히 일부분에 지나지 않는다. 유기물은 땅속에서 썩어버리고, 유구는 오래된 것이 새로운 것에 의해 파괴되기도 한다. 과거 인류의 생활은 장구한 역사 전체로 볼 때 극히 일부의 단편에 불과하다. 게다가 발굴된 면적은 인류의 생활에 의해 남겨진 흔적의 극히 일부이며, 땅속에는 아직 발굴되지 않은 유적이 많은 것도 사실이다. 따라서 방대하게 보이는 고고자료도 실은 인류가 남긴 흔적의 극히 일부에 지나지 않는다는 사실을 이해해야만 한다. 그렇기 때문에 새로운 발견이 존재하며, 지금까지의 역사를 뒤바꿀 수 있는 일이 일어나는 것이다.

　인류사회의 과거를 복원하는 고고학은 역사학으로서의 고고학과 인류학으로서의 고고학으로 크게 나누어져 있다. 전자는 일찍부터 문헌이나 금석문이 출현했던 유럽에서 일어났고, 후자는 신대륙인 아메리카에서 20세기에 들어서부터 일어났다. 가장 큰 차이는 역사학으로서의 고고학이 지역마다의 인류사회 역사를 밝혀가는 것에 반해, 인류학으로서의 고고학은 인류사회에 공통하는 역사의 일반 법칙을 밝혀내는 것을 목적으로 하고 있다. 예를 들어 농경의 출현이나 도시의 발생처럼 지역이나 시대를 초월한 인류의 발전과정에서 나타나는 규칙성이다. 어떻게 과거를 복원해 가는가에 대한 차이는 있지만, 서로가 다루는 고고자료는 동일하며, 「과거의 복원」이라는 공통된 목적을 갖고 있다.

　자료를 마주한 고고학자는 「어떠한 방법으로, 어떻게 분석」할지 고민하는 것에서부터 연구가 시작하게 되는데, 이때 다른 분야의 방법을 활용하는 경우도 많다. 제IV장에서는 방사성탄소연대측정법에 대해서 최첨단 연구를 진행하고 있는 일본 국립역사민속박물관의 연구성과를 소개하였다. 화학에 대한 지식이 전혀 없다면 쉽게 이해하기 어렵지만 가능한 한 쉽게 설명하여 기본적인 원리에 대해서는 충분히 습득할 수 있도록 하였다. 이러한 방법을 통해 구해진 연대는 확정적인 것이 아니라 제III장의 형식학이나 층위학 등의 방법을 통해 검증될 필요가 있는데, 이에 대해서도 알기 쉽게 설명하였다. 「말하지 않는 고고자료로부터 말하게 하는 것」을 가능케 하는 과정이 「방법과 분석」이다. 지금까지는 육안관찰 등 눈에 보이는 분석이 주를 이루고 있었지만, 과학의 진보에 따라 이화학분석 등 눈에 보이지 않는 분석이 오늘날의 고고학에는 필수불가결하게 되었다. 이 책에서는 전통적인 고고학을 넘어 이화학분석의 방법에 대해서도 중점을 두어, 그 내용을 제IV장을 비롯한 많은 장에서 다루고 있다.

제I장에서는 「고고학이란 무엇인가」라는 주제로 시작하여 학문 전체를 개관하였고, 제II장부터는 입문서의 성격을 띠고 있다. 제II장부터 제X장까지는 방법론이나 이에 기초한 고고자료의 분석, 인접 과학과의 학제적 연구에 대해 설명하였다. 이 내용이야말로 고고학에서 가장 중요한 부분이며, 차근차근 습득해 나가야 할 내용이다. 그 과정에서 논리적인 사고를 통해 고고학이라는 학문의 즐거움을 맛보길 기대한다. 이 책을 통해 고고학을 배운 후, 보다 깊은 고고학의 세계로 빠져들고자 하는 분들은 참고문헌을 함께 읽어보길 바란다.

사오토메 마사히로 早乙女雅博

시타라 히로미 設楽博己

I.
고고학이란 무엇인가

사오토메 마사히로
早乙女雅博

목표 & 포인트 차일드(Childe)가 「인간의 행위로부터 발생하는 물질계의 모든 변화인 고고학적 기록을 토대로 시대와 사회 환경의 산물인 인류와 인류사회의 형성과정을 조사하고 복원한다」라고 말한 것처럼 고고학은 유적, 유구, 유물 등의 고고자료(고고학적 기록)를 이용해서 인간의 과거 사회와 문화를 밝혀내는 학문으로, 문헌사학과 함께 역사학에 포함된다. 여기에서는 근대 과학으로서 고고학의 목적, 세계의 시점에서 본 고고학의 역사와 일본고고학의 시작에 대해 살펴본다. 또한 고고학은 인간과 물질자료를 대상으로 하기 때문에 민족학이나 자연과학 등 인접 과학과의 학제적 연구의 필요성에 대한 인식을 목표로 하여 고고학을 배우는 출발점으로서 이해할 필요가 있다. 이를 통해 제II장부터 시작하는 고고학 입문의 가이던스 역할을 한다.

키워드 진화론, 차일드(Childe), 모스(Morse), 하마다 코사쿠(濱田耕作), 발굴, 유적, 유물, 문화, 역사학, 인류학, 학제적 연구

1. 고고학이란 무엇인가

1) 고고학의 목적

고고학이라는 단어는 그리스어의 Archaios(고대·고전)와 Logos(학문) 가 합쳐진 Archaiologia의 영어인 Archaeology의 일본어 번역이다. 1879년에 발행된 지볼트(Heinrich von Siebold)의 『考古説略(고고설략)』 머리말에는 「고고학은 유럽학의 일부」라고 되어 있어, 고고학이라고 하는 단어가 이미 이때부터 사용되었음을 알 수 있다. 또한 1877년에는 도쿄대 학 이학부의 외국인 초빙 교사로서 일본에 온 모스(Edward Sylvester Morse)가 도쿄부(東京府)에서 오모리(大森)패총을 발굴하고, 거기에서 출 토된 조몬토기(縄文土器)와 인골에 대해 정확한 도면과 설명을 기록한 보 고서 "Shell Mounds of Omori"를 간행했다(이 보고서를 당시 식물학자 였던 야타베 료키치(矢田部良吉)가 번역하여 『大森介墟古物編』으로 간행).

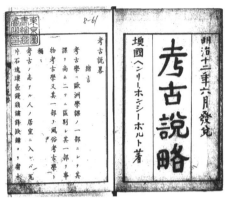

[그림 1-1] 『考古説略(고고설략)』(1879)
국립국회도서관 디지털 컬렉션

일본에 근대 과학으로서 고고학이라는 학문이 외국인에 의해 들어 온 것은 바로 이때였다.

고고학의 방법론 중 하나인 형식학(型式學)을 일본에 소개한 교토대학의 하마다 코사쿠(濱田耕作, 1881~1938)는 1922년에 간행된 『通論考古学(통론고고학)』에서 「고고학은 과거 인류의 물질적 유물(에 의한 인류의 과거)을 연구하는 학문」이라 하였다. 또한 물질적 유물은 인간이 만든 모든 물건을 말하며, 이를 통해 과거 시대의 생활 모습이나 문화의 상태를 연구하는 학문이라고 했다. 여기에서 말하는 물질적 유물에는 유적, 유구, 유물이 포함된다. 유물은 석기, 토기, 금속기 등 이동이 가능한 물건을 말하며, 유구는 주거지나 패총, 무덤 등 땅과 연결된 물건, 유적은 복수의 유구가 모인 취락, 고분군 등을 말한다. 유적과 유구의 구별이 반드시 명확한 것은 아니다.

제2차 세계대전이 끝나고 차일드(Vere Gordon Childe, 1892~1957)는 고고학을 「시대와 사회 환경의 산물인 우리 인류가 살고 있는 사회의 형성과정을 조사하고 복원하는 학문」으로 정의하였고, 그 자료는 「인간 행동의 모든 흔적을 포괄하는 것」이라고 하면서 그것을 고고학적 기록(Archaeological Record)이라고 불렀다(『考古学とは何か(고고학이란 무엇인가)』 1969)[1]. 이 고고학적 기록에는 유적, 유구, 유물 외에도 인간 행위의 부수적인 결과인 사막화 등의 환경 파괴도 포함된다. 다시 말해 하마

다 코사쿠가 말한 유물에는 유물, 유구, 유적이 포함되고, 차일드는 여기에 인간이 자연에 대해 행한 행위의 결과를 포함시켜 이 모두를 고고학의 연구대상이라고 설명하였다.

2) 역사학으로서의 고고학

고고학은 인류의 과거를 연구하는 학문이라고 하는 점에서 역사학 속에 포함되는 경우가 많다. 그러나 문헌사료를 연구대상으로 하여 사료 비판이라고 하는 과정을 거쳐 과거를 복원하는 문헌사학과는 다루는 자료나 연구방법이 다르다. 또한 문헌사학은 문자에 의해 기록된 시대(이것을 역사시대라고 한다)의 역사를 이야기하는 것은 가능하지만, 문자가 출현하기 이전 시대(이것을 선사시대라고 한다)의 연구는 물질적 유물을 다루는 고고학에 기댈 수밖에 없다. 문자가 출현한 시대라 하더라도 문헌은 인류의 과거를 모두 기록하지 않으므로 거기에 기록되지 않은 과거도 많다. 기록되어 있더라도 그것을 물질적 유물에 의해 검증할 수 있기 때문에 역사시대의 과거를 복원하는 데도 고고학의 역할은 크다. 따라서 고고학은 문헌사학과 함께 역사학의 한 분야라고 말할 수 있다. 그렇다면 인류의 과거는 어디까지 올라가는 것일까? 두 다리로 직립 보행하는 인류의 출현은 화석 인골에 의하면 약 700만년 전으로 올라가는데, 그 무렵의 석기는 아직 발견된 바 없다. 가장 오래된 석기는 깨뜨려 만든 타제석기로 약 260~250만년 전까지 올라가기 때문에 고고학에서 말하는 인류의 과거는 여기가

---

1 차일드의 원서 『A Short Introduction to Archaeology』(1956)를 곤도 요시로(近藤義郎)와 기무라 요시코(木村祀子)가 번역한 책

출발점이 된다. 그 이전의 인류에 대해서는 화석 인골을 연구대상으로 하는 인류학의 분야이다.

3) 새로운 고고학

1960년대가 되면 인류사회의 복원은 발굴된 유적, 유물이 어느 시대의 것인가, 그리고 그것들을 시대순으로 줄 세워서 인류의 과거에 어떤 일이 일어났는지를 설명하는 데 국한되지 않는다. 여기에 더해 어떻게 해서 사회가 형성되었고, 왜 변화하는가에 대한 설명, 유적과 유물을 만든 인간 행동을 복원하려고 하는 인류학적인 새로운 연구법이 나타났다. 이를 위해 유적, 유구, 유물이라고 하는 고고자료만을 대상으로 한 연구 외에도 인류사회에 영향을 미친 자연환경이나 범지구적 규모로 일어나는 환경변동에 대한 연구, 현대사회를 살아가는 사람들의 행동 등에 대한 연구도 고고학에서 다루기 시작했다. 즉, 주변의 관련 학문 분야와의 학제적 연구가 성행하게 되었다. 예를 들어 인간의 행동 결과에 의해 발생한 사실이 아닌 빙하기가 끝나고 해수면이 상승하게 되는 커다란 기후변동에 의해 인류사회가 변용하게 되었다는 역사를 연구할 경우, 지질학 등 자연과학 분야와의 연계가 필요하게 된다.

2. 고고학의 역사

1) 고전고고학의 시작

유럽에서는 고대에 대한 관심과 부흥이 14~16세기 르네상스기부터 시작하여 18세기 전반에는 이탈리아의 헤르쿨라네움(Herculaneum)과 폼페이(Pompeii)에서 발굴이 행해졌다. 이곳은 서력 79년 베수비오

(Vesuvius) 화산의 분화에 의해
도시 전체가 매몰된 유적으로 플
리니우스(Plinius)가 타키투스
(Tacitus)에게 보낸 편지에 분화
의 사실이 기록되어 있다. 이 유
적의 발굴에 관심을 가졌던 빈켈
만(Johann Joachim Winckel-
mann, 1717~1768, 바티칸 고
물·도서관)은 고대 그리스·로마
의 미술품을 조사하여 『고대미술
사』("the Geschichte der Kunst
des Alterthums" 1764)라는 책

[그림 1-2] 『고대미술사』 표지
출전 : Wikimedia Commons

을 집필하였다. 이 책에서 '아름다운 물건 → 모방 → 쇠퇴 → 타락'이라는
미술의 역사적 흐름을 설명했다. 이를 고대 그리스·로마시대를 대상으로
하는 고전고고학의 시초라고 할 수 있다. 전술한 미술의 흐름은 뒤에서 설
명할 고고학의 방법론으로서 형식학으로 연결되며, 하마다 코사쿠는 빈켈
만의 연구를 근대 고고학 연구의 시작이라고도 하였다.

2) 선사고고학의 시작

19세기가 되면 문헌에 기록되기 이전의 선사시대를 대상으로 하는 연
구가 시작한다. 톰센(Christian Jürgensen Thomsen, 1788~1865, 덴마
크 자연사박물관)은 박물관 수집품을 정리하는 작업 중 돌로 만든 무기나
도구가 금속과 함께 출토되지 않는 점, 청동으로 만든 무기는 철로 만들어
진 무기와 함께 출토되지 않는 점, 철로 만든 무기는 청동무기가 아닌 장
신구와 함께 출토되는 점, 철로 만든 도구는 최고(最古)의 역사시대(덴마크

에 크리스트교가 전래) 도구와 유사하다는 것을 알게 되었다. 이를 통해 날이 있는 도구에는 그 재질에 시간적인 변화 양상이 있는 것으로 파악하였다. 그 성과를 『북유럽 고대학 입문』("Legetraad til nordisk Oldkyndighed" 1836)이라는 책으로 내었고, 여기에서 선사시대를 석기시대에서 청동기시대로, 그다음은 철기시대로 간다는 3시기로 구분했다.

석기시대는 이후 라르테(Édouard A. I. H. Lartet, 1801~1871)와 러복(Jhon Lubbock, 1834~1913)에 의해 구석기시대와 신석기시대로 구분되었다. 라르테는 1860년 오리냐크(Aurignacian) 동굴, 그 후 로즈리 오트(Laugerie Haute) 동굴의 발굴조사를 통해 마연된 석기가 포함된 층 아래에서 깨뜨려 떼어 낸 석기만 포함된 층을 발견하여, 서로 다른 석기가 층위적으로 상하의 다른 층에 포함되어 있는 사실을 증명했다. 러복은 자신이 쓴 책 『선사시대』("Prehistoric Times" 1865)에서 떼어 낸 석기만 사용한 시대를 구석기시대, 마연한 석기를 사용한 시대를 신석기시대라고 명명하여 구분했다.

모르티에(Gabriel de Mortillet, 1821~1898, 프랑스 국립고대미술박물관)는 고생물학의 표준화석 개념을 고고학에 도입하여 표준석기로 치환시켰다. 표준석기는 만능의 대형석기(Hand Axe)에서 기능이 분화된 박편석기(石刃, 돌날)로 변화한다고 하는 진화론적인 생각을 바탕으로 구석기시대를 더욱 세분하였다. 유적명을 따서 '아슐(Acheul) → 무스테이(Moustier) → 솔류트레(Solutré) → 마들레느(Magdalene)'의 4단계로 구분했다. 이 단계의 시간적인 선후관계는 독일의 시르겐슈타인(Sirgenstein) 동굴에서 무스테이기(期) 이후의 층위가 확인되면서 증명되었다. 20세기에 들어 아슐은 구석기시대 전기, 무스테이는 구석기시대 중기, 솔류트레와 마들레느는 구석기시대 후기로 분류되었다.

3) 트로이 발굴

북유럽과 프랑스에서 선사고고학이 발전해 가는 중 이탈리아와 그리스, 튀르키예의 고대 그리스·로마 문화권에서는 고전 사료에 기초한 고고학 연구가 계속되고 있었다. 당시, 호메로스의 대서사시 『일리아스』(기원전 8세기 작품으로 추정)에 등장하는 트로이는 신화 상의 도시여서 많은 학자들이 실재하지 않는다고 생각하고 있었는데, 슐리만(Heinrich Schliemann, 1822~1890)은 트로이는 실재하는 도시이며, 튀르키예의 히살리크(Hissarlik) 언덕에 있었을 것으로 추정하여 1871년부터 발굴조사를 시작하였다. 그는 유소년기 시절부터 호메로스에 흥미를 갖고 있었기 때문에 언젠가는 트로이를 발굴하고자 했던 소망을 실현하기 위해 상인이나 은행원으로 일하면서 자금을 모았고, 1863년 43세의 나이로 하던 일을 그만두고 세계여행을 하던 중 파리에서 고고학을 배웠다. 그 사이 1865년에는 일본에 가기도 하였다.

히살리크 언덕의 중앙부부터 발굴을 시작한 슐리만은 제Ⅱ층에서 확인된 화재의 흔적을 그리스의 공격에 의한 화재로 보아 그곳을 트로이 도시(그림 1-3-①)로 간주했다. 그 후 1873년부터 재발굴을 하기 시작했을 때는 건축학자인 데르펠트(Wilhelm Dörpfeld, 1853~1940)를 초빙하여 층위적으로 치밀한 발굴을 진행했다. 그 결과 제Ⅵ층에는 성벽이 있고, 성벽으로 둘러싸인 도시는 화재에 의해 파괴된 것으로 밝혀졌으며, 그 층에서는 미케네(Mycenae)식 도기(陶器, 기원전 13세기)가 출토되었다. 따라서 데르펠트는 이 도시(그림 1-3-②)야 말로 『일리아스』에 등장하는 트로이라고 생각했다. 슐리만이 처음에 발굴한 언덕의 중앙부는 로마시대(제Ⅸ층)에 행해진 도시 건설(그림 1-3-③)로 인해 Ⅵ~Ⅷ층이 삭평되었기 때문에 당시에는 인식하지 못했던 것이다. 트로이의 고고학적 발굴은 고전 사료에 기록된 도시의 존재를 증명한 획기적인 성과이다. 게다가 『일리아

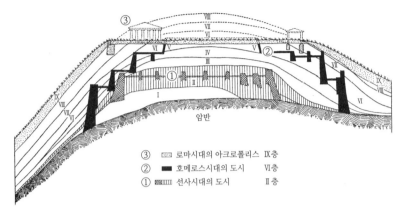

③ ▨▨ 로마시대의 아크로폴리스　Ⅸ층
② ■ 호메로스시대의 도시　Ⅵ층
① ▨▥▥▥ 선사시대의 도시　Ⅱ층

[그림 1-3] 트로이유적 단면도
田中琢·佐原真 역, 1981, 『考古学研究入門』, 岩波書店(p.73) 개변

스』라고 하는 문헌에 기록된 역사시대의 트로이 도시(제Ⅵ층) 하층에 문헌
에 기록되지 않은 선사시대의 유적이 존재하며, 선사시대부터 역사시대까
지 지속적으로 형성된 유적으로 밝혀지게 되었다.

4) 근대 과학으로서의 고고학

이 무렵 고고학에 커다란 영향을 미쳤던 이론은 생물학의 진화론이다.
다윈(Charles Darwin, 1809~1882)은 『종의 기원』("the Origin of
Species")을 1859년 출판하면서 주위의 환경에 적응한 개체가 살아남고,
적응하지 못한 개체는 멸종하며, 살아남은 개체의 특성이 유전에 의해 자
손에게 전해진다는 진화론을 제창했다. 이 이론을 고고학에 응용한 것이
몬텔리우스(Gustaf Oscar Augustin Montelius, 1843~1921, 스웨덴 국
립역사박물관)의 형식학(型式學)이다("Die älteren Kulturpeioden im
Orient Und in Europa / 1. Die Methode" 1903). 생물의 「종, 種,
Species」을 구별하는 방법으로 고고자료에 응용하여 「형식, 型式, Type」

을 설정하고, 생물의 「종」의 계통적 변화를 고고자료의 「형식」의 계통적 변화에 적용하였다. 즉 형식은 연속적으로 변화해 간다고 하였다(제Ⅲ장 참조).

형식학을 더욱 발전시킨 고고학자가 페트리(Sir William Matthew Flinders Petrie, 1853~1942, 런던대학)이다. 오랫동안 이집트 발굴에 종사했던 페트리는 선왕조시대의 유적에 대해 층위학적으로 조사된 결과를 바탕으로 토기를 상세하게 형식학적으로 편년하였다. 또한 이집트의 왕조시대 유적에서 그리스의 도기가 출토하였고, 그리스에서는 그 도기와 함께 이집트 유적과 같은 시기의 유물이 출토한 사실에 입각하여 왕조시대의 역연대(曆年代)를 기준으로 그리스 도기의 연대를 구했다. 이집트에서는 건물의 벽이나 비석에 역대 왕의 이름이 기록되어 있기 때문에 왕조시대가 시작하는 기원전 3,000년 이후의 역연대가 알려져 있다. 이 방법을 교차연대결정법(cross dating)이라고 하며, 고고학의 독자적인 방법이다.

5) 일본고고학의 시작

모스(Morse)의 전문 분야는 동물학이었지만 아메리카에서 패총을 발굴한 적이 있었다. 이 경험을 살려 1877년에 오모리(大森)패총을 발굴했다. 최초의 학술적 발굴조사였고, 유물의 실측도면을 넣은 최초의 보고서가 간행되었다. [그림 1-4]를 보

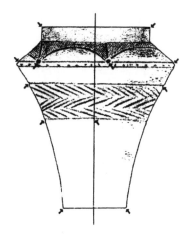

[그림 1-4] 조몬토기 실측도
화살표는 사하라 마코토(佐原真)가 표시
출전 : 佐原真, 1977, 「大森貝塚百年」『考古学研究』, 24-3·4, 考古学研究会(p.33)

[그림 1-5] 오모리패총 석비
시나가와쿠(品川区) 소재
필자 촬영

면 중앙의 축이 되는 선이 세로로 그어져 있고, 화살표로 표시된 부분에는 컴퍼스의 바늘 흔적이 남아 있어 단순한 스케치가 아니라 계측을 했다는 사실을 알 수 있다. 1884년 도쿄부(東京府) 혼고쿠(本郷区) 무카이가오카(向ヶ丘) 야요이초(弥生町)[2]에서 발굴된 토기가 후에 발견지의 이름을 따서 야요이식토기(弥生式土器)로 명명되었다. 1884년에는 도쿄제국대학 인류학교실을 중심으로 인류학회가 창설되었고, 1895년에는 제실(帝室)박물관을 중심으로 고고학회가 창설되었다. 학회지에는 패총이나 고분의 발굴에 대한 보고가 게재되기 시작했다. 그러나 고고자료를 다룬 연구적 측면에서의 수준은 낮은 편이었다.

교토제국대학의 하마다 코사쿠(濱田耕作)는 유럽유학(1913~1916)을 통해 몬텔리우스와 페트리의 형식학을 배웠다. 그는 일본에 돌아와서 오사카부(大阪府) 고우(国府)유적에서 층위학적 발굴조사를 하고, 유럽에서 배운 형식학을 일본고고학에 도입했다. 그렇기 때문에 하마다 코사쿠가 현재까지도 이어지는 일본고고학의 기초를 만들었다고 할 수 있다. 층위학과 형식학이라는 방법을 통해 고바야시 유키오(小林行雄, 1911~1989)는 기나이(畿内)[3]의 야요이토기(弥生土器)를 제Ⅰ양식~제Ⅴ양식으로 나누

---

2 현재, 도쿄도(東京都) 분쿄쿠(文京区) 야요이초(弥生町)

고, 야요이시대 전기가 제Ⅰ양식, 중기가 제Ⅱ~Ⅳ양식, 후기가 제Ⅴ양식에 해당한다고 하였다. 비슷한 무렵 야마노우치 스가오(山內淸男)는 조몬토기(繩文土器)의 전국적인 편년작업을 하여 조기, 전기, 중기, 후기, 만기의 5기 편년을 제시하였다. 이후 초창기를 더해 6기로 구분했다. 이 시기 구분은 오늘날까지 계속 이어지고 있다.

6) 제2차 세계대전 이후의 신고고학

1949년에 시카고대학의 리비(Willard Frank Libby)는 탄소14의 반감기를 이용해 방사성탄소연대측정법을 개발했다. 이 방법을 고고학에 응용하면, 유물과 같은 지층에서 출토된 탄화물을 측정하여 절대연대(지금으로부터 몇 년 전)를 구하는 것이 가능하다. 유물의 상대연대나 교차연대를 구하는 방법에 더해 자연과학적인 방법을 통해 새로운 연대결정법이 발명된 것이다(제Ⅳ장 참조).

차일드(Childe)는 자연환경의 변화와 인간 생태와의 관계로부터 인류 사회에서 일어난 커다란 변혁을 신석기혁명(농경·목축과 정주)과 도시혁명(문명)으로 규정하고 설명하려 했다. 러복(Lubbock)이 석기를 기준으로 나누었던 신석기시대를 농경과 목축이라고 하는 사회의 변화를 통해 새롭게 정의하였다. 그때까지 고고학이라는 학문은 주로 편년과 사실의 서술, 민족의 이동과 문화전파를 취급해 왔는데, 여기에 더해 왜 어떻게 그러한

---

3 일본에서는 천황이 살던 곳의 주변 지역을 가리키는 호칭으로 사용된다. 도쿄 주변 지역을 수도권이라고 부르는 개념과 유사하다. 율령시대에 '야마토노쿠니(大和国)·야마시로노쿠니(山城国)·가와치노쿠니(河内国)·이즈미노쿠니(和泉国)·셋쓰노쿠니(摂津国)'의 5개 나라를 가리키는 호칭이다. 순서대로 현재의 '나라현(奈良県)·교토부(京都府)·오사카부(大阪府)·오사카부·오사카부와 효고현(兵庫県)의 일부'이다.

사실이 발생했고, 어떠한 변화를 겪어 왔는지를 설명하려 했다.

이러한 고고학 연구 경향의 변화 속에서 1960년대에는 빈포드(Lewis Roberts Binford, 1931~2011)가 국가나 민족의 역사 형성과정을 복원하는 데 치중할 것이 아니라 고고자료로부터 인류의 공통적인 인간행동의 법칙성을 발견해야 한다고 제창하였다. 즉, 석기를 형태나 제작기술로만 볼 것이 아니라 석기가 제작된 후 이동하고 사용된 후 폐기되기까지의 인간 행동을 복원해야 한다는 것이다. 고고자료의 형태만을 관찰하는 것이 아니라 그것과 유사한 것을 사용했던 사람들을 관찰하는 민족학, 실제로 같은 재료를 사용하여 같은 기술로 추정되는 방법으로 제작해 보는 실험 고고학도 병행되었다. 뿐만 아니라 역사시대는 고고자료와 함께 문헌사료를 종합적으로 고려하여 인간 행동을 복원하고, 그것으로부터 일반 법칙성을 발견해 내어 이론화시켰다. 이처럼 인류학적인 방법을 함께 구사하여 이론화시키려고 하는 고고학을 일반적으로 신고고학(New Archaeology), 혹은 과정고고학(Process Archaeology)이라고 부른다.

3. 고고학과 인접과학

지구상에서 인류의 과거는 시간적으로도 지역적으로도 매우 넓은 범위에 이르기 때문에 몇 가지 방법으로 구분해서 연구가 진행되고 있다. 시간적으로 보면 톰센(Thomsen)에 의해 유물의 재질에 따라 구분된 석기시대, 청동기시대, 철기시대라는 구분이 있고, 문자로 기록되지 않은 선사시대, 문자로 기록된 역사시대가 있다. 각각을 선사고고학과 역사고고학으로 부르고 있다. 지역적으로 보면 그리스·로마고고학, 서아시아고고학, 이집트고고학, 동남아시아고고학, 아메리카고고학, 중국고고학, 한국고고학,

일본고고학 등으로 대상지역이 세분되어 있다. 이러한 구분은 고고학뿐만 아니라 역사학(문헌사학)에서도 동양사, 서양사 등으로 구분되며, 동양사는 중국사, 한국사, 동남아시아사, 인도사, 일본사 등으로 구분되는 것과 마찬가지이다.

유적, 유물의 성격에 따라 불교고고학, 동물고고학, 식물고고학, 환경고고학, 지진고고학, 수중고고학, 산업고고학, 전쟁고고학 등이 있고, 종교학, 생물학, 지진학, 토목학 등 인접과학의 지식도 필요하다. 인접과학 쪽의 연구

[그림 1-6] 고치(高知) 해군항공대 4호 벙커
出原惠三, 2004, 「高知海軍航空隊跡」『日本の戦争遺蹟』, 平凡社(p.270)

자도 고고학에 관심을 가지면서 학제적 연구가 진행되고 있다. 산업고고학은 산업혁명 이후의 기계나 폐선된 철도 등 산업과 관련한 고고자료를 대상으로 하고, 전쟁고고학은 근대의 전쟁과 관련된 고고자료를 취급한다(그림 1-6). 물질적인 유물로서의 고고자료는 대부분 지하에 묻혀 있는 경우가 대부분이지만, 지상에 남아 있는 방공호와 같은 구조물도 대상 자료가 된다.

방법론으로 분류하면 실험고고학, 민족고고학, 인지고고학, 컴퓨터를 사용한 수리고고학 등의 분야가 있고, 고고학을 과학으로서 이론화하기 위해 생겨났다. 이 외에도 고고학이나 인문과학의 지식만으로는 대응할 수 없는 자연과학의 방법을 적용해야만 하는 연구도 많다. 역사시대에서는 문헌의 기록을 토대로 연대를 구할 수 있지만, 선사시대에서는 방사성탄소연대측정법이라고 하는 화학적 분석을 이용해 절대연대를 구하고 있다. 또한 물질의 원소 조성이나 원소의 동위원소를 측정하는 화학적 분석

을 이용해 석기, 토기, 청동기, 유리 제품의 산지를 구하기도 하며, 석기나 토기의 광물학적 관찰을 통해 재료의 산지를 구하는 등 자연과학 연구자와의 학제적 연구가 점점 활발해지고 있다.

과거 인간 행동의 결과로 남은 유적, 유구, 유물에는 다양한 정보가 포함되어 있는데, 그 자체로는 아무것도 얘기해 주지 않는다. 고고학자는 눈으로 관찰하여 토기에 그려진 문양과 같은 정보를 얻고 있었는데, 화학적 분석의 발달에 힘입어 눈으로 볼 수 없는 정보도 얻을 수 있게 되었다. 여기에 더해 고고자료를 제작하고 사용했던 인간이나 사회의 형성과정을 이론화하는 방법을 적용하여 학제적 연구는 더욱 활발해질 전망이다.

4. 고고학 연구

연구의 출발점은 '무엇을 밝혀내고 싶은가'라는 문제 설정이다. 그러기 위해서는 많은 연구논문을 읽거나 연구사를 정리하여 자신의 관심 분야를 도출해 내야 한다. 그 후 자신이 설정한 목적에 걸맞은 유적의 분포를 조사한 후 적절한 유적을 선정해서 발굴조사를 해야 한다. 한편, 개발의 토목공사에 따른 구제발굴조사에서는 이미 발굴해야만 하는 유적이 정해진 상태이긴 하지만, 시굴조사를 통해 유적의 성격을 파악한 후에 문제를 설정하고 발굴하는 것이 이상적이다.

유적의 발굴조사에서 확인된 유구, 유물은 실측도, 사진촬영, 보고서 작성 등의 과정을 거치면서 그 기록들이 연구자료가 된다. 이러한 연구자료는 발굴 담당자뿐만 아니라 많은 연구자가 이용할 수 있도록 일정 수준에 도달하지 않으면 안 된다. 특히 구제발굴조사의 경우, 조사가 끝나면 공사가 착수되고, 유구가 파괴되어 두 번 다시는 볼 수 없게 되기 때문에 자료화하는 과정은 매우 중요하다. 발굴조사 보고서는 고고자료(발굴자료)가 비로소 연구자료가 된다는 중요한 의미를 갖고 있다(제Ⅱ장 참조).

다음 단계는 목적으로 한 연구자료를 모아 다양한 방법론이나 인접과학의 성과를 이용해 분석하고, 연구자료로부터 가능한 한 많은 정보를 얻어 내어, 이를 토대로 인류의 과거사회와 문화, 생활의 모습을 복원하는 연구를 진행하는 것이다(제Ⅲ장~제Ⅹ장 참조). 발굴된 유물은 박물관이나 매장문화재센터의 수장고에 보관되어 있기 때문에 실측도만으로 연구를 진행할 것이 아니라 필요에 따라 직접 유물을 관찰하는 자세가 필요하다. 과거의 복원에 대해 기술하는 과정에서 또 다른 새로운 의문이나 문제점이 생기게 되면, 다시 연구의 출발점으로 돌아가서 유적을 발굴하거나 연구자료를 집성하고 분석해야 한다. '발굴 → 분석 → 연구'를 계속해서 반복함으로써 우리는 더욱 정확한 과거를 복원해 낼 수 있게 된다.

역사학의 한 분야이기도 한 고고학은 인류 과거의 복원이라는 연구성과로부터 문헌사학과는 다른 시점으로 아시아나 세계의 선사·역사시대의 역사를 구축해 내는 것이 가능한데, 이것이야말로 고고학의 매력이라 할 수 있다. 이집트, 메소포타미아, 인더스, 황하의 4대문명은 고고학의 연구성과에 의해 밝혀지게 되었으며, 이 외에도 많은 지역이나 나라에서 고고학 연구를 통해 각각의 역사와 문화가 해명되고 있다.

II.
야외조사의 방법과 실제

니시아키 요시히로
西秋良宏

목표 & 포인트   고고학은 유구, 유물 등 물적 증거를 재료로 해서 과거 인류의 행동이나 문화를 연구하는 학문이다. 그렇기 때문에 학문의 출발점은 물적 증거를 입수하는 데 있다. 유구나 유물과 같은 물건은 물론이거니와 그것들이 유적에서 어떻게 남겨져 있었는지, 발견 상황의 기록도 중요한 자료가 된다. 본 장에서는 물적 증거를 유적으로부터 얻어 내기 위한 야외조사에 대해서 배운다.

키워드   일반조사, 발굴조사, 콘텍스트, 층서, 삼차원 위치 기록

1. 야외조사란 무엇인가

고고학 자료로서 물건의 가치는 눈으로 보이는 아름다움이나 신기함으로 정해지는 것이 아니다. 중요한 것은 발견된 상황이다. 가장 가치가 높은 것은 (1) 발견 장소, 지층, 수집 방법 등에 대한 정보가 재현성 높은 기록으로 남겨져 있는 자료이다. 다음으로 (2) 수집 방법이나 지층에 대한 정보가 구체적이진 않지만, 수집한 장소, 즉 어느 유적에서 확인되었는지를 알 수 있는 자료이다. 그리고 가장 학술적인 가치가 낮은 것이 (3) 수집된 경위에 대해 신뢰할 수 있는 기록이 없는 자료이다.

황금 재질의 세공이 뛰어난 보기 좋은 물건이라 할지라도 어디서 출토되었는지 모르면 연구자료로서의 가치는 낮다. 한편, 문양도 하나 없는 볼품없는 토기 파편이라 할지라도 유적과 그 출토 위치, 지층, 연대 등에 대해 확실한 기록이 남겨진 자료의 가치는 매우 높다. 고고학이 골동품을 모으는 취미와 크게 다른 이유 중 하나가 이러한 입수 경위를 중요시하기 때문이다. 원래 출토지 불명의 골동품을 육안으로 감정할 수 있는 것도 수집된 경위를 바탕으로 하여 명칭이나 연대가 판명된 작품과 조합해서 판단하는 것이나 다름없다.

유물이나 유구의 발견 위치나 지층 등의 상황과 관련한 데이터를 고고학적 맥락, 혹은 영어로 콘텍스트(context)라고 한다. 그 기록의 중요성은 고고학이 학문 분야로서 탄생한 19세기 이후부터 공유되기 시작하여 기록을 위한 다양한 방법론이 개발되어 왔다. 19세기 전반 어느 하천의 퇴적층 속에서 타제석기와 절멸된 화석이 함께 출토된 사실을 토대로 구석기시대의 존재를 논증한 프랑스의 부셰 드 페르테스(J.Boucher de Perthes)의 발굴조사는 '어떤 유물이 어떤 장소에서 무엇과 함께 발견되었는가'라고 하는 공반관계에 대한 중요성을 시사했다는 의의가 있다. 또한 19세기 후반 튀르키예의 트로이유적을 발굴한 슐리만(Heinrich Schliemann)은 유적의 층위적인 기록을 실시하여 지중해 고전기의 유물과 유구의 연대적 변천을 밝혀내었다. 19세기 말에 활약했던 영국의 피트리버스(A. Pitt Rivers)는 단면도, 층서뿐만 아니라 유물과 유구의 출토 위치에 대해서 평면도도 상세히 기록하며 발굴했다. 20세기가 되면 인더스 문명 유적의 발굴을 선도한 영국의 모티머 휠러(Mortimer Wheeler)가 유적을 평면적으로 보아 바둑판의 눈금(지금은 그리드(Grid)라고 부른다)처럼 구획한 후 층서를 기록해 나가는 발굴 방식을 실천하였다. 이러한 역사적 과정을 거쳐 오늘날까지 이어지는 발굴조사법의 기본 골격이 갖추어지게 된 것이다.

그 후에도 조사법의 개발은 계속되었는데, 어떠한 조사라 하더라도 야외조사에서 중요한 것은 남겨진 유구나 유물, 그리고 그것들이 발견된 상황에 대한 구체적인 기록이다.

조사방법은 크게 세 가지로 나눌 수 있다. 첫째, 답사를 통해 지표를 걸어 다니면서 유물을 채집하고, 유적을 발견하는 조사이다. 유물의 분포 상황을 조사하면 유적의 성격에 대해 대략 짐작해 낼 수도 있다. 둘째, 지형이나 지상에 보이는 구조물을 측량하는 조사이다. 이 두 번째 방법은 일반조사나 분포조사로 불리기도 한다. 셋째, 소위 발굴조사이다. 이 세 가지 방법은 조사를 심화시켜 가는 단계의 차이라고도 할 수 있다. 유적을 측량하기 위해서는 그 전에 답사를 실시했을 것이며, 발굴조사를 하기 위해서는 답사와 측량도 함께 해 두지 않으면 안 되기 때문이다.

고고학 유적이나 거기에 묻혀 있는 유구, 유물은 매장문화재라고 불리는 문화유산이다. 따라서 유적의 조사는 각각 나라마다의 문화재보호법에 의거하여 진중하게 실시된다. 그중에서도 특히 발굴조사는 세심한 주의를 기울여야 한다. 발굴조사에 의해 유적의 현상은 변경되며, 재현은 불가능해진다. 해당 장소만으로 한정되는 행위이기 때문이다. 이에 걸맞은 절차 없이 발굴하는 것은 유적의 파괴와 직결되는 것이나 다름없다. 조사의 경위나 고고학적 맥락에 대해서 최대한 정확한 기록을 남기고, 제3자에 의한 검증이 가능한 발굴을 할 필요가 있다. 우리나라에서 행해지고 있는 대부분의 발굴조사는 크게 두 가지로 나눌 수 있다. 학술목적의 조사(학술발굴)와 도로나 건축 공사 전에 선행하는 사전 조사(구제발굴)인데, 기록을 철저히 남겨야 한다는 방침을 지켜야 하는 것에는 차이가 없다.

2. 일반조사

1) 답사

성곽이나 고분 등 유적은 지상에서 처음으로 확인되는 경우도 있지만,

대부분의 경우 지하에 묻혀 있기 때문에 보이지 않는다. 어디에 유적이 있는지를 찾기 위해서는 보통 답사를 한다. 지표면을 세밀하게 살피면서 도보로 조사하게 되는데, 자연 지형에 인위적인 행위가 가해진 흔적은 없는지, 혹은 유물이 산포되어 있지는 않은지를 조사한다. 유적을 발견한 경우는 물론, 유적을 발견하지 못한 경우에도 조사한 지점을 GPS(Global Positioning System) 등을 이용해서 정확하게 기록해 둔다. 유적이 아닌 경우도 기록해 두는 이유는 유적이 없다는 것을 확인한 지점을 기록한다는 의미가 있기 때문이다.

지표면에 산포되어 있는 유물은 그 유적이 어떤 시대에 속하는지를 추측하는 중요한 단서가 된다. 유물을 채집하는 것을 지표채집이라고 한다. 지표채집 방법에도 몇 가지 종류가 있다. 첫째, 무작위로 조사자가 대상지역을 걸어 다니며 육안으로 발견한 유물을 한정적으로 채집하는 방법이다. 어디를 조사할지, 어떤 유물을 채집할지는 조사자의 경험이나 관심에 달려 있기 때문에 정량적인 성과를 얻을 수는 없다. 그러나 대상지역이 유적인지 아닌지를 알고 싶은 경우나 장래에 본격적인 발굴조사가 예정되어 있고 유적 내에 유물의 분포가 어떠한지 예비적으로 알고 싶은 경우 등에는 적합하다. 둘째, 보다 조직적인 지표채집 방법이다. 예를 들어 5m 간격으로 복수의 조사자가 등간격으로 줄을 서서 일정 방향을 향해 나아가면서 지표에서 유물을 발견할 때마다 그 위치를 기록해 가는 방법이다. 이 방법은 넓은 조사지역에 대해 유적의 범위를 좁혀 나갈 때 유효하다. 셋째, 두 번째 방법을 보다 심화시켜 유적에 5m, 혹은 10m 간격으로 바둑판처럼 사방으로 격자 모양의 구획을 한 다음 각 격자 칸의 내부 유물을 조직적으로 회수하는 방법이 있다. 각각의 격자를 그리드(Grid)라고 하며, 개별 구획에 대해서는 번지와 같은 고유의 명칭을 붙인다. 이 외에도 네 번째 방법으로 여러 방식을 절충하는 경우도 있다. 예를 들어 유적의 범위를

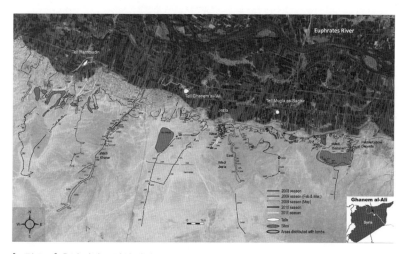

[그림 2-1] 유적 답사 도면의 사례
어두운 부분이 하안평야, 밝은 부분이 건조 스텝지대. 연차 별로 답사한 루트를 지도에
표시하였다. 번호는 지점의 이름. 시리아 유프라테스강 중류역.

확정한 다음 임의로 5m 내지 10m 등의 구획을 만들어 유물의 채집하는
방법이다(그림 2-1).

지표채집으로 모인 개개의 유물에 대해 종류나 시대를 감정하면 유적
의 시기, 지점별 시기 등을 추정할 수 있게 된다. 유물의 종류에 어떠한 편
중된 특성이 나타난다면, 예를 들어 다량의 석기 박편들이 채집된 경우 그
곳을 석기 제작장으로 추정할 수 있고, 슬래그(Slag)와 같은 광물의 찌꺼기
가 채집된 경우에는 금속의 정련(精鍊) 유구가 지하에 존재할 가능성을 추
정할 수 있다. 또한 전술한 두·세 번째 방법처럼 조직적으로 유물이 회수
된 경우, 회수한 유물을 지점마다, 혹은 구획마다 정량적으로 비교해 보면
유적의 밀도나 어디에 어떤 시대의 유구가 묻혀 있는지 추측할 수 있다.

2) 측량
발견한 유적의 상황을 기록하기 위해서는 측량도를 작성하는 것이 일

반적이다. 유적이 자연 지형 아래에 묻혀 있는 경우에는 기존의 지형도를 이용할 수 있지만, 고분이나 석조건물, 산성 등 인위적인 구조물인 경우나 동굴 등 내부의 형상에 의미가 있을 경우 등은 개별적으로 정밀한 측량을 통해 도면을 작성하는 것이 좋다. 측량을 할 때는 대상유적에 알맞은 측량 기준점을 설정하고, 그 위치를 지리좌표계에 표시할 필요가 있다. 최근에 는 GPS를 이용해 간편하게 데이터를 얻을 수 있게 되었다. 다만, 시중에 판매되고 있는 GPS의 측정에는 약간의 오차가 있음에 주의할 필요가 있다.

유적의 측량에서는 우선 평면도를 작성해야 한다. 평면도란 유적, 유구를 직상방에서 본 도면이다(그림 2-2). 콘타(contour)라고 불리는 등고선

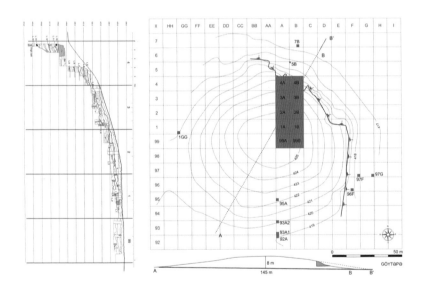

[그림 2-2] 유적의 평면도와 단면도 사례
알파벳과 숫자를 조합하여 10×10m의 그리드가 설정되어 있다. 좌측 도면은 4A~99A 구획 동쪽 벽의 토층 단면도이다. 두께 11m의 퇴적이 14개의 층으로 구분되어 있다. 아 제르바이잔(Azerbaijan) 교이테페(Göytepe)유적.

위에 작성하는 것이 일반적이다. 일찍부터 유적의 그리드를 따라서 말목을 박고, 거기에서부터 줄자를 이용해 지형을 측량하거나, 평판이라고 불리는 도구를 이용해 평면도를 그리는 것이 일반적이었다. 이렇게 작성된

[그림 2-3] 레이저 측량기를 이용한 3차원 측량도의 사례
점군(点群)에 의한 조감도와 입면도. 아래의 사진은 석실 내부를 합성한 화상. 오카야마현(岡山県) 고모리즈카(こうもり塚) 고분의 석실(제공 : 寺村裕史).

평면도에 수준측량기(레벨)를 이용해 등고선을 그렸다. 하지만 최근에는 토털스테이션(total station, 광파)이라는 기기를 이용하여 측점을 3차원으로 기록하고, 컴퓨터에서 그려내고 있다.

석재로 쌓인 기단 시설이나 무덤과 같은 유구는 입면도, 즉 유구를 옆에서 본 도면을 작성하기도 한다(그림 2-3). 평면도와는 방향이 90도 다르게 되지만 실측의 원리는 같다. 또한, 엘레베이션(elevation) 도면이라고 하는 유적, 유구의 단면도를 작성하는 경우도 있다. 도면의 축척은 대상 사이즈에 따라 임기응변으로 결정한다. 보통 연구실에서 다루기 쉬운 크기를 고려해서 A3나 B3 사이즈의 방안지에 작성할 수 있는 축척으로 기록하는 경우가 많다.

지금까지 설명한 내용은 선이나 면을 남기기 위한 방법이었는데, 최근 디지털 기술의 진전과 함께 선, 면과 동시에 입체적인 삼차원 화상 데이터를 간편히 남길 수 있게 되었다. 레이저 측량기를 이용하는 방법이다. 이 기기를 사용하면 평면도를 일으켜 세우는 것이 가능하게 되어 단면도나 입면도 작성이 수월해진다. 또한 동일 피사체에 대해 촬영되지 않는 부분이 없도록 복수의 각도로 돌아가면서 사진을 촬영한 후 그 화상 데이터를 합성하여 3차원 화상이나 선, 면으로 작성해 내는 것도 가능하게 되었다. 레이저 측량기를 이용한 기록은 장래에 그 유구가 파괴, 파손될 경우 대략적 복원이 가능하다는 장점이 있기 때문에 앞으로 더욱 보급될 전망이다.

이렇듯 최근에는 최신식 장비를 이용하게 됨으로써 예전의 실측 방식으로는 수시간, 혹은 수일에 거쳐 작성해야만 했던 측량도를 비약적으로 시간을 단축시켜 작성할 수 있게 되었다. 기술의 진보는 앞으로도 현저히 진행될 것이므로 새로운 측량법이 계속해서 개발될 것에 틀림없지만, 초심자는 줄자를 사용한 실측을 우선 경험해 보길 추천한다. 디지털 화면을 조작하는 것만으로 실제의 유적 형상을 이해하기란 쉬운 일이 아니다. 실측해서 지형을 확인하면서 기록해 가는 것이 유적의 형상을 이해하는 데 유효하다.

3. 발굴조사

발굴은 생물의 해부와 같은 행위이다. 퇴적물을 덜어 내면서 땅속에 묻혀 있는 유구나 유물의 위치 관계, 구조를 밝혀가게 된다. 발굴이 끝났을 때에는 그 부분의 유적은 소멸해 버리는 것이나 다름없다. 현재의 상태로 다시는 돌아갈 수 없는 행위를 하는 것이므로 충분한 기록을 남길 수 있도록 조사목적에 따라 발굴장소, 발굴방법 등을 계획해야 한다.

1) 발굴의 단위

발굴을 할 때에는 발견물의 평면적 위치와 수직적 위치를 재현 가능할 수준으로 기록해 둬야 한다. 이것을 간단히 가능케 하는 방법이 그리드 시스템이다. 이것은 앞에서 답사에 대해 설명할 때 유적을 바둑판처럼 격자로 구획한다고 했던 것처럼 각 구획마다 지층을 기록하면서 아래로 파내려가는 방법이다. 격자는 트랜싯(transit)이라고 불리는 측량기를 이용해서 설정하고, 격자의 교차점에 말뚝을 박아 두는 방식이 일반적이다. 유물이나 유구의 평면적 위치는 그 구획명, 수직적 위치는 지층명에 따라 기록된다. 지층은 퇴적물의 색조나 밀도, 포함물, 경도(硬度) 등을 종합해서 구분해 가는데, 위에서 관찰하는 것보다는 옆에서 관찰하는 것이 편리하다. 그렇기 때문에 아래로 파내려갈 때에는 구획의 벽에 나타나는 층서를 관찰하기 위해 각 구획마다의 경계에 폭 50㎝~1m 정도의 토층 단면 관찰용 둑을 남기면서 발굴하는 경우가 많다. 관찰 결과는 토층 단면도에 기록으로 남긴다(그림 2-2).

발굴 구획의 크기나 지층 구분의 두께 등과 같은 단위는 유적의 성격에 따라 달라진다. 보통 시간적으로 오래된 유적일수록 그 단위가 자세하게 되는 경향이 있다. 예를 들어 역사시대의 유적이라면 10m, 혹은 그 이상으로 큰 그리드를 설정하여 수 십cm 내지 그 이상의 두께로 지층을 구분하여 발굴하기도 하지만, 수 만년 전의 구석기시대 유적의 발굴에서는 훨씬 더 작은 단위로 조사한다. 그리드를 1m 단위로 구획하고, 그 내부를 사방 10cm나 25cm로 더욱 세분하기도 하며, 지층도 2~3cm의 단위로 그 차이를 식별하면서 발굴하는 경우도 적지 않다. 이러한 이유는 시대가 올라가면 올라 갈수록 유적이나 유구의 규모 자체가 작은 점, 또한 토압 정도가 다를 것이므로 다른 시기의 퇴적물이 압축되어 있는 점 등 여러 이유 때문이다. 극단적으로 말하면 근·현대의 유적에서는 토목공사에 의해 두께가 수 미터에 이르는 퇴적물이 하루 만에 남겨지는 한편, 구석기시대의 유적에서는 극히 수 센티미터에 이르는 지층의 두께 차이가 수 천년, 수 만년의 차이를 반영할 수도 있기 때문이다.

또한 육안으로는 지층의 구분이 어려울 때도 있다. 이 경우에는 두께 5cm 내지 10cm 단위로 구분하여 번호를 매기면서 파내려가는 방법도 이용된다. 이렇게 조사되는 층위를 자연층위에 대비되는 말로 인공층위라 부른다. 시대가 다른 지층이 함께 섞여 있는 상황과 같이 어쩔 수 없는 경우에만 사용되는 방법이다.

공간적인 단위도 마찬가지이다. 설정한 구획을 기본적인 발굴 단위로 조사하더라도 평면적으로 다른 지층을 식별하게 되었을 경우, 구별해서 파야 한다. 지층이 경사져서 퇴적된 곳을 수평으로 파게 되면 층위적인 혼란이 발생할 수 있으며, 다음 항에서 설명할 것이지만 유구가 발견되었을 때에도 발굴 단위를 상세하게 나누어 임기응변으로 대응해야 한다.

2) 유구의 발굴

과거의 사람들이 남긴 구조물이나 활동의 흔적을 유구라고 한다. 저장 구덩이나 기둥구멍, 폐기구덩이 등 피트(pit)라고 불리는 각종 구덩이, 화로자리, 돌무더기 등 의도적으로 만들어진 것은 물론 화로자리 주변으로 흩어진 재의 범위나 패총에 버려진 쓰레기의 퇴적, 사람의 발자국 등 무의식적으로 남겨진 활동의 흔적도 유구이다. 발굴 중 유구가 발견되면 층위학의 원칙에 따라 새로운 퇴적물로부터 차례로 파내려가게 된다. 물론, 그때마다 충분한 기록을 남겨야 한다. 이하에서는 수혈주거지처럼 생긴 구덩이를 발견하였을 경우를 가정하여 어떠한 발굴 순서를 채택해야 하는지에 대해 설명하도록 한다.

땅을 파내려갈 때에는 가능한 한 수평으로 흙을 제거하면서 진행해야 한다. 구덩이가 파여진 면(당시의 지표면)과 복토(구덩이 속에 채워져 있는 흙)는 색조나 경도 등 퇴적물의 성질이 다를 수밖에 없기 때문에 이를 기준으로 해서 구덩이의 윤곽을 확정한다. 한 구덩이의 윤곽이 온전히 확인되는 경우도 있지만 다른 유구와 겹쳐서 확인되는 경우도 있다. 이러한 경우 어느 유구가 시간적으로 뒤에 파여진 것인가를 알아내야 한다. 이렇듯 유구의 선후관계를 밝혀야 할 경우를 우리는 중복관계라고 한다. 뒤에 만들어진 유구 속의 퇴적물은 연속적으로 분포하고 있는 반면, 전에 만들어진 유구는 새 유구에 의해 퇴적물이 잘려 있을 수밖에 없다.

구덩이 속의 퇴적물도 그리드를 파내려갈 때와 마찬가지로 층위적인 조사를 실시해야 한다. 그렇기 때문에 절반, 혹은 십자(十字)로 분할해서 지층의 단면을 확인하면서 파는 방법이 좋다(그림 2-4). 수혈주거지의 경우, 폐기된 주거지가 점차 후대의 여러 작용에 의해 매몰되어 가는 과정에서 쓰레기를 버리는 곳으로 이용되기도 하고 불을 지피는 장소로 이용되기도 하는 등 재이용된 흔적이 퇴적토 속에서 발견되는 경우가 있다. 이러

[그림 2-4] 수혈주거지의 발굴
토층 관찰용 둑이 십자로 남아 있다. 이 둑은 층서를 기록
한 후 제거된다. 홋카이도(北海道) 기타미시(北見市) 오시
마(大島)2유적 1호 수혈(제공 : 東京大学大学院人文社会系
研究科附属常呂実習施設).

한 가능성에 대해서도 유의하면서 지층을 관찰하는 작업은 항상 진중하게 행해져야 한다.

수혈주거지의 바닥은 구덩이 그 자체로서의 바닥과 바로 그 위의 생활면(보통 상면(床面)이라고 한다)으로 구분된다(그림 2-5). 구덩이 자체의 바닥은 울퉁불퉁하고 거친 자연면처럼 보일지도 모르지만, 상면에는 회반죽이나 화로자리, 벤치, 돗자리와 같은 깔개 등의 흔적이 남아 있을 가능성이 있다. 생활에서 이용된 도구류, 쓰레기 등이 원위치를 유지한 채로 남아 있어 당시 주거지의 모습을 복원할 수도 있기 때문에 평면도, 단면도, 사진 등 상세한 기록을 남길 필요가 있다. 또한 같은 주거지라 하더라도 내부에서 복수의 상면이 확인되는 경우도 있다. 생토가 완전히 노출되기까지 항상 모든 가능성을 열어 두고 조사를 진행해야 한다.

유구나 그 퇴적 상황에 대해서 시간을 두고 천천히 철저하게 분석하고 싶거나 중요성을 알리기 위한 전시 등에 활용하고 싶을 때에는 퇴적물의 일부를 연구실에 가져오기도 한다. 흔히 전사(轉寫)를 뜬다라고도 하는데, 화로자리 주변에 석기나 동물뼈가 흩어져 있는 구석기시대의 생활면, 패각과 인공물, 동물뼈 등의 생활 쓰레기가 중층적으로 쌓여 있는 신석기시대 패총의 토층 단면, 수전(水田)의 발자국 등이 대상 자료가 된다. 이러한

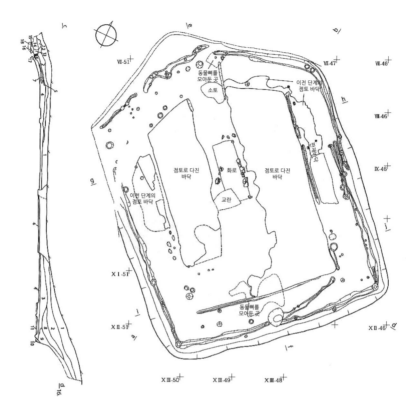

[그림 2-5] 수혈주거지의 평면도와 단면도 사례
구덩이 자체로서의 바닥과는 다른 점토로 다진 바닥이나, 마루와 같은 판재의 바닥이 확
인된다. 熊木俊朗, 2012, 『トコロチャシ跡遺跡オホーツク地点』, 東京大学大学院人文社
会系研究科考古学研究室 · 常呂実習施設編 개변

인위적 흔적에 수지(樹脂)를 침투시켜 발라 조사 당시의 모습 그대로를 면
적으로 떼어 내는 방법을 사용하는데, 이러한 자료는 발굴 당시의 상황을
직접 일반인들에게 전달할 수 있는 자료로써 많은 박물관에서 전시에 활
용되고 있다.

한편, 보다 전문적인 분야의 자료로 사용하기 위해 토양을 블록 상태
로 샘플링하는 경우도 있다. 토양의 블록샘플은 피열 흔적의 동정이나 열

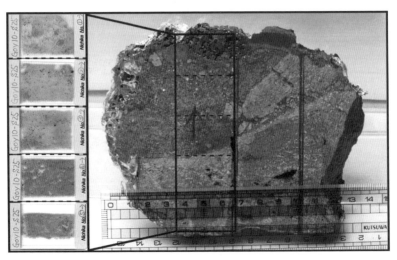

[그림 2-6] 미세구조학(micromorphology) 분석 사례
아제르바이젠 교이테페유적의 구덩이에서 채취한 토양 샘플에서 밀류의 규산체가 검출
되어, 곡물 저장고로 추정할 수 있게 되었다(약 7,500년전).

잔류자기(고지자기)분석을 통한 연대측정에 일찍부터 이용되어 왔다. 최근에는 미세구조학(micromorphology)적 분석도 성행하고 있다. 이러한 분석은 통상 현장에서 육안으로 행해지는 토층 단면의 관찰을 연구실로 가져와서 현미경을 사용해 미세한 레벨로 실시하는 것이다. 조사하고 싶은 지층에서 토양시료를 채취하고, 수지를 이용해 경화시켜 그 단면을 현미경으로 관찰한다. 육안으로는 보이지 않았던 털가죽으로 만들어진 깔개나 식물유존체의 퇴적 등을 동정할 수 있게 된다(그림 2-6).

3) 유물의 수거

발굴 과정에서 발견된 유물에 대해서도 하나하나에 대해 어디에서 발견되었는가, 어떻게 수거되었는가 등을 재현할 수 있도록 기록할 필요가 있다. 이상적인 방법은 모든 유물을 한 점 한 점 x, y, z 좌표에 기록하면서

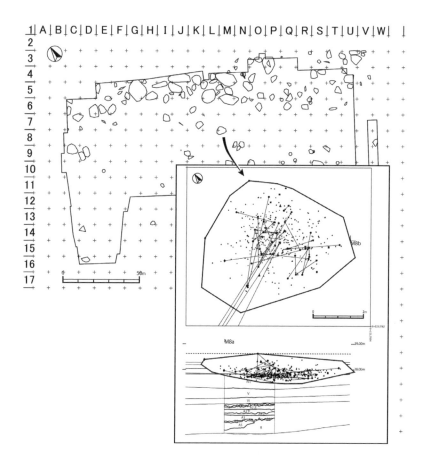

[그림 2-7] 유물의 출토 위치를 3차원으로 기록한 사례
위는 석기가 집중하는 곳의 분포, 아래는 그중 한 부분의 확대. 석기의 파편이 접합될 경우 선으로 연결. 구석기시대. 鈴木美保, 2016, 『下原·富士見町遺跡 I』, 明治大学校地內遺跡調查団 개변

수거하는 방법이다. 토털스테이션(total station, 광파)을 이용하면, 비교적 간편하게 기록할 수 있다(그림 2-7). 3차원으로 기록한 유물은 연구실에서 그 분포나 접합 관계 등에 대해서 상세히 분석할 수 있게 된다. 다만 발굴에서 발견되는 유물은 무수히 많기 때문에 어느 수준까지 자세히 기록

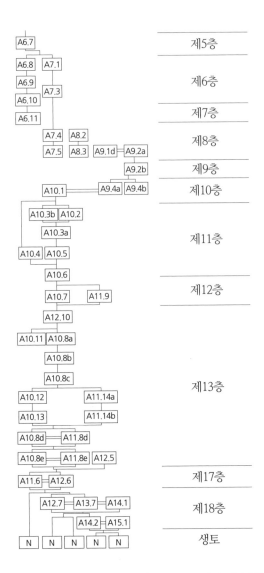

[그림 2-8] 해리스의 매트릭스법(Harris Matrix)에 따라 발굴 단위를 정리한 사례

지층에 따라 단위가 구분되어 있다. 이 발굴 구역에서는 제13층에서 복잡한 유구가 발견되었고, 제14~16층이 없었던 것 등을 알 수 있다. 시리아 Tell Kosak Shamad유적 발굴 (1994년 조사 기록의 일부).

해야 할지 고민에 빠지게 된다. 길이 10㎝ 정도의 석기가 출토되기도 하고 수 밀리미터 밖에 남아 있지 않은 동물뼈의 조각도 출토되기 때문에 이 모두를 같은 수준으로 기록해야 하는지의 여부이다. 이러한 판단은 유적의 성질이나 발굴조사의 목적에 따라 조사자가 책임감을 갖고 판단해야 한다.

유물 한 점마다의 기록도 중요하지만 유물을 구획, 지층, 유구 등의 단위에 따라 수거하여 그 위치 관계를 잘 기록하는 것도 중요하다. 화로자리 주변에 재층의 범위가 있는지, 기둥구멍 속의 퇴적 등도 그 단위가 될 수 있다. 이러한 자세한 발굴 단위를 유럽에서는 로커스(locus)나 콘텍스트 (context)라고 부른다. 하나의 유적을 발굴하면 그러한 발굴 단위가 수백에서 수천에 달하는 경우도 적지 않다. 이 발굴 단위가 어느 지층에 속하는지, 혹은 단위 서로 간의 선후관계를 정리하기 위해 해리스의 매트릭스법(Harris Matrix)이라고 불리는 정리법을 채택하는 경우가 많다(그림 2-8).

이상의 내용은 현장에서 유물이 발견되었을 경우의 대응에 대한 설명이었는데, 퇴적물이 일정 기준에 부합하지 않을 경우 제외시키면서 유물을 검출하는 방법도 있다. 특히, 가장 치밀한 유물 수거가 요구되는 구석기시대 유적의 조사에서 일반적이다. 퇴적물을 건조시키는 방법과 물로 씻어내는 방법이 있다. 전자는 퇴적물 그대로 건조시켜 필요 없는 부분을 쉽게 덜어내는 방법인데, 점성이 높은 토양에서는 마치 구슬과 같이 덩어리가 생기기 때문에 눈이 2㎜나 3㎜ 간격의 망으로는 채질을 해도 유물이 검출되지 않는다. 이러한 경우 후자의 방법인 물로 씻어내면 효과적이다. 토양을 물로 씻어 내면서 채질을 함으로써 1㎜ 내지 그보다 작은 눈의 망에도 걸러 내어지게 된다. 또한 이 방법을 사용하게 되면 탄화된 유기물이 떠오르는 경우도 있기 때문에 채질만으로는 수거할 수 없었던 약한 상태

의 식물유존체를 효과
적으로 채집할 수 있게
된다(수세부유선별법,
水洗浮遊選別法). 토양을
적절한 크기의 대야나
양동이에 넣어 물로 씻
어 내도 좋지만, 드럼통
과 같이 생긴 별도의 용
기를 사용하는 장치가
이용되는 경우가 많다
(그림 2-9). 이 방법은

[그림 2-9] 수세부유선별 작업 모습
드럼통처럼 생긴 장치를 사용하기도 하고(좌), 대야나
양동이를 사용하기도 한다(우). 시리아 Dederiyeh유
적 발굴.

매우 작은 동식물유존체라도 수거해서 선사시대의 생업경제를 연구하고
자 했던 케임브리지대학의 연구그룹이 1960년대 이후부터 강력하게 추진
하여 오늘날에 이르고 있다.

이렇듯 유물의 수거방법에는 여러 방법이 있고, 실제 그 방법들은 병
행되고 있다. 현장에서 육안을 통해 발견한 유물과 물로 씻어 선별한 유물
에는 사이즈나 내용에 현저한 차이가 발생하는 경우가 보통이다. 비교 분
석에 지장이 없도록 개개 유물에 대해서 그것을 어떠한 방법으로 채집했
는지를 충분히 기록해 두는 것이 중요하다.

4. 최근 이용할 수 있게 된 각종 야외조사 기술

지금까지 유적, 유구, 유물의 기본적인 기록법에 대해서 설명해 왔다.
기록에 이용되는 기술이나 장비는 일취월장하고 있다. 평판이나 레벨, 트랜싯과 같은 전통적인 장비, 토털스테이션이나 3차원 레이저·스캐너, GPS 등 최근 일반화된 장비에 대해서도 전술하였다. 이 외 몇 가지의 방법에 대해서도 다루도록 한다.

비행기나 헬리콥터에서 촬영한 항공사진을 관찰하여 유적이나 유구를 동정하는 방법은 20세기 초두부터 각지에서 시도되어 왔다. 서아시아의 사막처럼 물리적으로 답사가 어려운 지역에 존재하는 석열(石列) 유구를 찾아내기도 하였고, 영국에서는 로마시대 도로나 도랑을 찾아내는 등 일찍부터 그 성과가 알려져 왔다. 최근에는 디지털 기술의 진보에 의해 기존의 항공촬영보다 고정밀 화상을 통해 해석해 낼 수 있게 되었다. 예를 들어 GIS(지리정보시스템)를 이용해서 유적 입지의 경사나 일조시간, 주요 지점으로부터의 거리 등 다양한 2차 해석이 가능하게 되었다. 또한 드론을 저렴한 비용으로 이용할 수 있게 되었기 때문에 새로운 사진을 자신이 직접 촬영할 수 있게 되었다. 항공사진보다도 훨씬 높은 곳에서 촬영할 수 있기 때문에 보다 광범위한 화상을 한 번에 조망할 수 있는 장점이 있다. 지구상에 존재하는 거의 대부분의 곳을 망라할 수 있는 화상을 입수할 수 있게 된 것도 특징이다.

한편, 유적 내부를 발굴하지 않고 조사하는 기술도 몇 가지 개발되었다. 대표적인 기술이 전파(레이저) 탐사이다. 지표에서 지하로 전파를 쏘아 땅속의 장애물(유구)과 충돌하여 반사되어 오는 시간이나 강도를 측정하는 방법으로, 지하의 상황을 탐색하는 방법이다. 데이터를 읽어 내기 위해서는 전문지식이 필요하고, 미묘한 지층의 차이 등을 식별하기 곤란한 한계도 있지만 콘트라스트(contrast)가 높은 명확한 유구가 매장되어 있는 경우에는 꽤 정밀한 탐색이 가능하다. 고온으로 구워진 부뚜막이나 석실묘(石室墓) 등의 존재를 미리 확인하는 데 현저한 성과를 내고 있다. 레이저 탐사는 장비를 지표 위에 놓고 밀어 가면서 실측해 가는 방법인데, 최근 피라미드 등 실측이 어려운 거대 석조물을 측면에서 한 번에 탐사할 수 있는 방법도 개발되고 있다. 최근 주목을 받고 있는 방법으로, 날아 온 소립자(뮤온, muon, 뮤입자)를 이용한 뮤오그라피법(Muography, 뮤입자를 이용한 단층촬영법)도 있다. 화산의 내부를 투시하는 방법으로 개발되었는데, 고고학에도 응용하는 시도가 되고 있다.

마지막으로 수중고고학에 대해서도 언급해 둔다. 유적은 땅속뿐만 아니라 하천이나 호수, 바다 속에 가라앉아 있는 경우도 있는데, 이러한 유적을 조사하는 분야를 수중고고학이라 한다. 고대 지중해의 페니키아 무역선이나 대항해시대 카리브해의 무역과 관련된 침몰선 등의 조사에 대해서는 이미 잘 알려져 있다. 지각변동에 의해 수몰된 유적이 떠오르게 되면서 발굴조사 되는 경우도 증가하고 있다. 일본에서도 나가사키현(長崎県) 앞 바다에서 몽골이 습격했을 때 침몰된 배나 비와코(琵琶湖) 바닥에서 조몬시대(繩文時代)부터 에도시대(江戶時代), 근대에 이르는 유적이 발견된 사례가 대표적이다. 수중 유적의 조사에는 다이버가 필요하고 작업시간이 한정되는 제약이 따르기 때문에 지상에서 하는 발굴과 같은 조사는 불가능한 경우가 많다. 그러나 유적이나 유구를 덮고 있는 퇴적물이 단순하고, 후세의 건축물 등에 의해 파괴될 가능성이 적은 점, 유기질 유물의 보존 상태가 양호한 점 등 수중의 유적에는 통상 유적과는 다른 유리한 점도 많다. 또한 로봇이나 각종 디지털 기술을 활용하는 등 더욱 발달된 기술이나 장비가 개발될 필요가 있다. 땅속에 있는 유적에서는 해명할 수 없는 문제를 조사할 수 있는 또 하나의 분야로서 앞으로 관심이 높아질 전망이다.

5. 요약

야외조사에서는 정확한 기록을 남기는 것이 가장 중요하다. 그렇기 때문에 그 방법에 대해서 설명했다. 조사기록은 야장(필드노트), 일지, 각종 도면, 사진 등으로 남게 되는데, 이러한 기록들이 제3자에 의해서도 이용될 수 있도록 보고서로 정리하는 작업이 필수적이다. 조사의 목적이나 경위, 조사의 방법, 발견된 유구, 유물, 그것들의 감정 결과 등 가능한 한 다양한 기록을 보고해야 한다. 그 기록을 간행하지 않는 발굴은 단지 문화재의 파괴에 불과하다. 따라서 보고서를 간행함으로써 비로소 발굴조사는 완료된다고 해도 과언이 아니다.

고고학의 야외조사 풍경이 TV 등에서 보도되는 경우, 꽃삽이나 대나무 주걱, 솔 등을 사용해 발굴자가 세밀한 작업을 하고 있는 모습이 자주 등장한다. 요즘처럼 하이테크 시대에 흙투성이가 되는 아날로그적인 작업이 행해지고 있는 모습을 이상하게 생각하고 있는 사람들도 있을 것이다. 그러나 전술한 기술 개발의 진전은 오로지 측량이나 데이터 기록법, 유물의 분석법 분야이지 반드시 발굴 그 자체의 진전으로 보기는 어렵다. 인간의 손으로 세심한 주의를 기하면서 조사해 가는 발굴 스타일은 한 세기 이상 계속되어 왔고, 앞으로도 당분간 계속될 것으로 생각된다.

꽃삽을 땅속으로 한 번 찌를 때마다 새로운 상황이 생길 수 있다. 그때마다 최적의 대처법—발굴을 중단하고 도면을 남길 것인가, 사진을 촬영할 것인가, 그대로 조사를 진행할 것인가, 꽃삽이 아니라 대나무 주걱으로 팔 것인가, 발굴 단위를 변경하여 조사할 것인가, 등등—을 선택하면서 조사를 진행해 간다. 발굴을 하면서 무수히 반복해야 하는 이 과정이 기계화되는 일은 갑자기 오지 않을 것이기 때문에 현재로서는 조사자의 경험이나 판단력에 따르는 것이 최선이라고 생각된다. 또한, 그러한 작업을 통해 유적의 관찰이나 고찰이 효과적인 분석과 기록, 나아가서는 정확한 해석으로 연결되는 것이다. 야외조사, 그중에서도 발굴조사는 고고학의 출발점임과 동시에 그 후의 연구 질을 좌우하는 분기점으로서 매우 중요한 과정임을 명심해야 한다.

III.
연대결정론 1
- 상대연대와 편년 -

시타라 히로미
設楽博己

목표 & 포인트 고고학의 연대결정법인 형식학과 층위학, 그것을 이용한 편년 연구를 소개한다. 유럽에서는 고고학적 시대구분으로서 석기시대, 청동기시대, 철기시대의 삼시기구분법이 알려져 있는데, 그 문제점에 대해서도 다루면서 시대구분에 대해서 설명한다.

키워드 상대연대, 형식학, 층위학, 편년, 시대구분, 구석기시대, 신석기시대, 청동기시대, 철기시대, 삼시기구분법

1. 형식학과 층위학

1) 상대연대와 절대연대

고고학에서 구해야 하는 연대에는 상대연대와 절대연대라고 하는 성격이 다른 두 가지가 있고, 각각은 방법에도 차이가 있다.

상대연대란 자료의 상호 간 신구(新舊) 관계를 바탕으로 한 연대이다. 상대연대를 구하는 방법은 유물A가 유물B보다 더 이전 것임을 확인하고, A → B라는 순서를 정한 다음 유물A나 유물B가 속한 시기를 결정하는 방법이다. 이 방법만으로는 유물A가 유물B보다 몇 년이나 이전의 것인지, 혹은 몇 세기에 속하는지 수치상 연대를 구할 수 없다.

이에 반해 절대연대는 '몇 년에 만들어진 것이다, 혹은 몇 세기경에 해당하는 것이다'처럼 수치로 나타내는 연대를 말한다. 예를 들어 어떤 청동기에 기원전 300년에 제작되었다는 기록이 새겨져 있다면, 이 청동기의 정확한 제작연대는 기원전 300년이 되는 것처럼 1년 단위로 알 수 있는 경우도 있다. 또한 방사성탄소연대측정법 등으로 나타내는 기원전 3200년 ±20년과 같은 연대치도 절대연대라고 한다.

절대연대는 이 단어 자체의 어감처럼 절대로 맞는 연대이거나 오해가 생길 수 없는 우수한 연대처럼 느껴질지 모르겠지만 수치로 나타내어지는 연대일 뿐이지 상대연대가 절대연대보다 뒤떨어지는 것은 아니다. 고고자료는 기년명(紀年銘) 등으로 수치 연대를 알 수 있는 사례가 매우 적고, 상대연대를 결정하는 방법이 유효한 자료가 훨씬 많기 때문이다. 상대편년을 행할 때 어떠한 기준점으로서 절대연대 자료를 사용하거나, 절대연대의 오차를 검증하기 위해 상대연대 자료를 이용하는 것처럼 상호 보완해 가면서 사용하는 것이 바른 방법이다. 실연대라고 하는 단어도 있는데, 이 단어도 실제의 연대라고 하는 한정적인 의미로 취급한다면 오해가 생길 수 있다. 그러한 의미로는 헷갈릴 수 있기 때문에 절대연대는 수치연대라고 이해하는 편이 낫다. 본 장에서는 상대연대에 의한 연대결정과 편년 방법을 배워 보자.

2) 형식학이란 무엇인가

우리가 생활에서 사용하고 있는 다양한 물건에는 모두 어떤 일정한 형태가 존재한다. 식기로는 호(壺), 접시(皿), 발(鉢) 등이 있고, 자동차는 승용차, 트럭, 왜건(wagon) 등 각각의 용도에 따라 형태가 정해지게 된다. 호(壺)에 들어가 있는 라면은 먹기 힘들며, 짐을 싣는 곳이 드러나 있고 길이가 긴 왜건은 불편하다. 심지어 우리는 이런 차를 왜건이라 부르지도 않는다. 이런 도구들은 용도에 따라 형태의 차이가 있을 것인데, 용도나 기능을 반영해서 도구 등이 갖추고 있는 형태를 고고학에서는 폼(form)[1] 이라고 부르고 있다.

승용차에는 코롤라(corolla)나 크라운(crown)과 같은 다양한 차 이름이 붙어 있다. 세단(sedan)이라는 큰 틀은 유지하되 그 속에 세세한 특징을 달리하는 다양한 차종이 있는 것이다. 고고학에서는 이처럼 세분된 폼을 형식(型式, type)이라고 부른다. 각 형식은 변화하게 되는데, 연대순으로 변화하는 형식이 늘어선 모양을 형식조열(series)이라고 한다. 형식학에 의한 연대 서열의 설정은 형식조열을 만들어 내는 것이나 다름없다. 형식은 시대의 흐름에 따라 변화하기도 하지만, 지역에 따라 차이가 있기도 하다.

즉, 형식은 연대적으로, 지역적으로 고고자료의 단위이기도 하며, 그 시간적·지리적 위치를 정해 배열하는 작업을 편년(chronology)이라고 한다.

현재 우리들이 사용하고 있는 물건 어떤 것 하나를 예로 들어 보더라도 그것은 용도·기능·연대·지역 등 다양한 요인에 의해 다양하게 구분되어 있으며, 구분할 수도 있다. 폼(form)이나 형식(type) 이외에도 뒤에 설명할 양식(樣式)이라고 하는 범주도 있으며, 어떤 기준에 따라 고고자료를 분류해 갈 것인가는 거기에서 무엇을 밝혀낼 것인가에 달려 있다. 고고자료의 특징에 따라 자료를 분류하고 질서를 세우는 것을 형식학(typology)이라고 한다.

형식학의 기본을 수립한 것은 스웨덴의 고고학자 오스카 몬텔리우스(Oscar Montelius)이다. 몬텔리우스는 유럽의 청동기에 대해 다양한 분석

---

1 일본고고학에서는 뒤에서 설명할 형식(型式, type)과는 다른 한자를 사용하는 형식(形式, form)을 구분해서 사용하는 경향이 있다. 한글로는 동일한 표현을 할 수밖에 없고, 역자는 일본고고학의 '形式'은 충분히 기종(器種)으로 치환될 수 있는 용어여서 불필요하다고 생각한다. 따라서 혼란을 피하기 위해 '폼(form)'으로 표현해 둔다. 원서에는 '形式(form)'이라고 되어 있다. 따라서 이하 한글로 표현된 형식은 모두 型式(type)을 말한다.

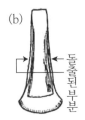

(a)

[그림 3-1] 청동도끼의 변천

출전 : 橋口隆康 編, 1978, 『大陸文化と青銅器』古代史発掘5, 講談社 (p.135)

(b)

돌출된 부분

(c)

(d)

(e)

을 시도하여 연대 서열을 확립하는 등 형식학을 체계적으로 정립했다. 그중 유명한 것이 청동도끼의 형식학이기 때문에 소개하도록 한다(그림 3-1).

　가장 오래된 것은 돌도끼를 모방해서 만든 청동도끼(a)이다. 돌도끼는 자루에 구멍을 내고 거기에 끼워 사용한다. 이러한 방법은 청동도끼(b)도 답습하고 있는 모습이 보이는데, 양 측면에 돌출된 부분을 만들어 도끼가 자루에 끼워졌을 때 자루가 흔들리지 않도록 고안하였다. 여기에 더해 사용 중에 자루에 끼워진 도끼가 점점 깊게 파고들게 되면서 구멍이 파손되는 것을 막기 위해 도끼 중간에 링을 만들어 그 이상 들어가지 못하도록 했다(c). 그래도 도끼는 지속적인 사용으로 자루의 구멍을 파고들게 되어 아예 장착 방식을 바꾸게 된다. 거푸집을 만들어 주조하는 청동기의 특성을 살려 자루를 도끼 중간 정도까지 끼워 사용할 수 있는 방식으로 개량하였다. 도끼의 머리 부분을 소켓형으로 만든 것이다(d). 그런데 청동도끼(d)에는 (b)의 측면 돌출과 (c)의 링이 기능적으로 필요 없음에도 불구하고 남아 있다. 또한 이후 도끼 전체를 소켓형으로 만든 청동도끼(e)가 등장하는데, 측면의 돌출은 어렴풋이 패인 정도로 되고, 링은 침선으로 퇴화되었지만 뚜렷하게 남아 있다.

몬텔리우스가 주목한 것은 도끼라고 하는 벌채구의 어느 부분이 변화했는가인데, 특히 기능 강화를 위해 변화하게 되면서 필요 없게 된 부분이 어떻게 퇴화되어 가는지였다. 퇴화한 부분은 생물학에서 흔적기관(rudiment)이라고 하는데, 몬텔리우스는 유물에 남은 흔적기관의 유무나 변화의 상태를 형식 변화를 밝혀내는 단서로 삼았던 것이다.

일본고고학에서도 이것을 본보기로 해서 뛰어난 분석을 해낸 사례가 있는데, 그중 사하라 마코토(佐原真)에 의한 동탁(銅鐸)의 편년을 소개한다(그림 3-2).

동탁은 야요이시대(弥生時代)의 의례에 사용된 종이다. 안쪽에 봉을 매달아 몸통과 부딪히게 되면 음향을 낸다.

사하라 마코토가 편년하기 이전에는 몸통에 장식되어 있던 문양의 변화에 중점을 두고 편년을 해왔는데, 사하라가 주목한 것은 뉴(鈕)라고 하는 동탁을 어딘가에 매달 수 있게 하는 부분이다. 뉴에 눈을 돌리게 된 것은 소리를

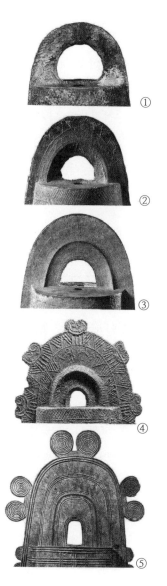

[그림 3-2] 동탁(銅鐸) 형식의 변화
출전 : 春成秀爾, 1996, 『祭りのカネ銅鐸』歴史発掘8, 講談社(p.107)

내고 안 내고 하는 기능의 변화와 관련된 중요한 부분이라고 생각했고, 이야말로 편년에 중요하다고 판단했기 때문이다. 뉴가 두툼한 능환뉴식(菱環鈕式)①, 뉴의 외측에 장식대가 붙은 외연부뉴식(外緣附鈕式)②, 뉴의 내측에도 장식대가 붙고 편평하게 된 편평뉴식(扁平鈕式)③, 뉴의 폭이 더욱 넓게 편평해지고, 능형(菱形)의 부분이 흔적적으로 남게 되며, 여러 줄의 돌출된 선이 장식된 돌선뉴식(突線鈕式)④·⑤의 네 형식변화를 설정했다.

우리 주변의 물건에도 형식학을 적용해 보면 참고가 된다. [그림 3-3]은 어떤 특정 형식 승용차의 형식변천을 나타낸 것이다. 특히 범퍼의 변화에 주목해 보면, 독립식에서 차체 일체형으로 변화해 가는 것을 알 수 있다. 범퍼는 일찍부터 상처를 입어도 좋은 곳으로서 차에 붙여진 부분이지만, 차 전체를 소중히 하게 되면서 기능을 잃고 일

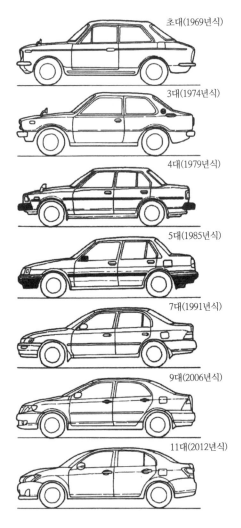

초대(1969년식)

3대(1974년식)

4대(1979년식)

5대(1985년식)

7대(1991년식)

9대(2006년식)

11대(2012년식)

[그림 3-3] 승용차의 형식 변천
범퍼가 검은색인 것은 우레탄 재질의 범퍼

체형으로 되었다. 여기에서 범퍼는 흔적기관이라고 할 수 있다.

3) 층위학이란 무엇인가

그러나 고고유물에서 흔적기관을 찾아내기란 쉬운 일이 아니다. 그러할 때 형식학적으로 배열된 연대 서열을 검증하기 위해 유효한 것이 층위학(stratigraphy)이다.

덴마크의 과학자 니콜라우스 스테노(Nicolaus Steno)가 17세기에 제창한 「지층 누중의 법칙」에 기초한다. 이 법칙의 원리는 상하로 중첩되어 있는 지층에서, 위의 층이 아래 층보다 후대에 형성되었다는 것이다. 고고학에서 연대 서열을 추정한 A형식과 B형식의 선후를 판별하거나 상정된 서열의 타당성을 검증하기 위해 이 원리를 응용한 것이 층위학이다.

또한 지질학에서는 지층에 포함되어 있는 화석으로부터 지층의 연대를 결정하는 「지층 동정의 법칙」이라는 방법도 있는데, 이때 사용되는 화석을 표준화석, 혹은 시준화석이라고 부른다. 고고학에서도 비슷한 방식으로 형식학에서 기준이 되는 자료를 표준형식, 혹은 표준유물이라고 한다.

유적에서 지층은 단순한 상태로 존재하지 않고 복수의 층으로 중첩되어 있고, 모든 층이 연결되어 있는 것이 아니라 도중에 절단된 부분도 있으며, 경우에 따라서는 상하가 역전되어 있는 경우도 있기 때문에 유적을 발굴할 때에는 층에 대한 신중한 판단이 필요하다. 그렇다고 해서 반드시 층위가 형식에 우선하는 것은 아니고, 상호 검증하는 작업이 요구된다는 점을 인식하고 있어야 하며, 그 판단은 발굴 현장에서 행한 관찰 기록에 따른다.

여러 지층 중 어떤 한 지층이 연대를 판별할 때 기준이 되는 경우도 있다. 가장 대표적인 것으로 화산재(tephra)층을 들 수 있다. 화산이 전국적으로 분포하는 일본열도에서는 강하연대를 알 수 있는 화산재인 지표(指

標) 테프라를 기준으로 한 「화산재 편년(tephrachronology)」이 발달되어
있다(그림 3-4).

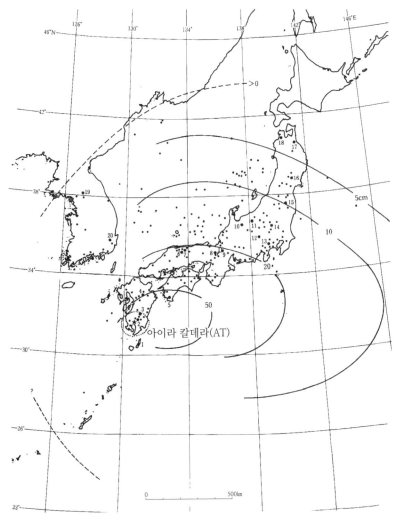

[그림 3-4] 아이라(姶良)·탄자와(丹沢) 테프라(AT)의 분포

출전 : 町田洋, 1999, 「火山は何を語るか」『検証·日本列島 : 自然, 人, 文化のルーツ』, 第
13回'大学と科学'公開シンポジウム組織委員会編(p.42)

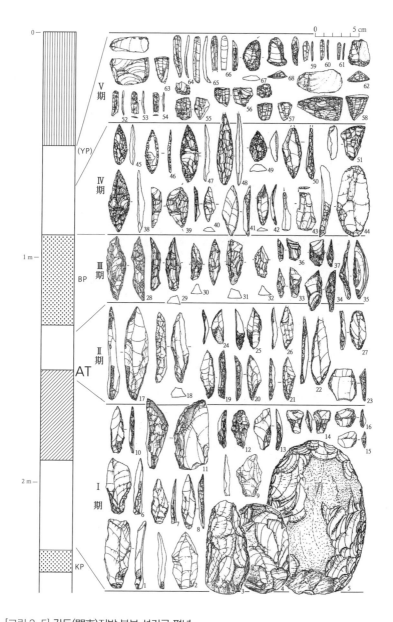

[그림 3-5] 간토(関東)지방 북부 석기군 편년

출전 : 小菅将夫·西井幸雄, 2010, 「関東地方北部」 『講座日本の考古学1 旧石器時代(上)』, 青木書店(p.366)

예를 들어 가고시마현(鹿児島県) 긴코완(錦江湾)에 소재하는 아이라(始良) 칼데라는 화산 분화에 의해 형성되었는데, 이때 발생한 「아이라(始良)·탄자와(丹沢) 화산재」(AT)[2]는 약 29,000~26,000년 전의 화산 분화에 의한 것이었다. 이 화산재는 북쪽으로는 도호쿠(東北)지방까지 이르며, 구석기시대 초기의 유적이나 유물의 연대를 추정할 때 중요한 기준이 된다. AT의 아래위로 출토된 유물을 편년할 때 기준 층이 되는 광역의 화산재이다(그림 3-5).

군마현(群馬県) 하루나산(榛名山) 후타쓰다케(二ツ岳)는 5세기 말~6세기 초, 그리고 6세기 전반 두 번에 걸쳐 큰 폭발이 있었는데, 각각을 FA와 FP라고 한다. 이 두 화산재의 강하는 고훈시대(古墳時代) 유구의 연대를 결정할 때 유효하게 활용되고 있다. 군마현 시부카와시(渋川市) 구로이부네(黒井峯)유적은 FP에 의해 매몰된 마을이 그대로 발굴되었고, 최근에도 인근의 가나이히가시우라(金井東裏)유적에서 갑옷을 입은 채 투구를 안고 있는 모습으로 FA에 의해 숨을 거둔 인골이 발견된 바 있다. 이 일대는 일본의 폼페이(Pompeii)라고도 불린다. 폼페이가 A.D. 79년의 화산 분화로 매몰된 도시라는 것을 알게 되었듯이 가나이히가시우라유적의 인골에도 5세기 말~6세기 초라는 정확한 연대가 부여되었다. 이러한 연대 역시 절대연대의 범주에 포함되는 것으로써, 화산재 편년의 유효성을 말해주고 있다.

---

2 이 대분화에 의해 분출한 화산재가 편서풍을 타고 동쪽의 간토(関東)지방까지 강하하게 되는데, 탄자와라는 산지에서 발견되었다. 아이라의 A, 탄자와의 T를 따서 AT라 부르게 되었다.

4) 일괄유물

몬텔리우스는 연대를 결정할 때 형식학 외에도 일괄유물이라는 개념을 제시했다.

일괄유물(hund)은 유구 등에서 공존관계의 상태로 출토된 복수의 유물을 말한다. A형식과 B형식이 같은 시기에 만들어진 것이라고 해보자. 서로 떨어진 상태로 여기저기에서 출토되었을 경우에는 이들의 동시성을 알 수 없지만, 일괄유물로서 공존하고 있을 경우 동시성이 확보된 것으로 볼 수 있으며 편년의 정확성도 올라간다. 또한, 일괄유물은 폼(form)이나 형식(type)의 조합(assemblage)이기 때문에 문화를 파악하는 기초적인 단위가 되는 중요한 분석 개념이다. 이러한 공존관계에 대해 차일드(Vere Gordon Childe)는 'association'으로써 중요히 여겼는데, 다른 현상과의 공존관계와 같이 어떠한 연관(context) 속에서 고고유물은 의미를 갖는다고 하였다. 한편, 갱신세의 어느 하천 바닥에 파여진 구덩이에서 같이 출토된 석기는 다른 층에서 흘러 들어온 연대가 다른 석기가 섞여 있을 가능성이 있기 때문에 전술한 상황과는 다르다. 이러한 상황은 미국의 고고학자 로버트 브레이드우드(Robert John Braidwood)가 집합(aggregate)이라고 말한 것처럼 공존관계라고 말할 수 없다.

형식학적으로 동시에 존재했다고 인정되더라도 그것을 증명할 필요가 있다. 일괄유물은 그 검증에 유효한 개념이며, 의미상으로는 층위학에 포함시켜 이해해도 좋다. 그러나 간혹 층위상 일괄자료라고 말하는 연구자가 있기도 한데, 그것은 바르지 않다. 우리가 식별할 수 있는 하나의 토층은 짧은 시간에 퇴적된 경우도 있지만 장기간에 걸쳐 형성된 경우도 있다. 하나의 층이지만 장기간에 걸쳐 형성된 경우에는 당연히 복수의 형식에 해당하는 유물이 혼재하고 있을 가능성이 높기 때문이다. 통상 무덤의 부장품이나 토갱에 인위적으로 단기간에 폐기된 집적물 등을 일괄유물이라고 한다.

복수의 청동기가 같은 토갱에서 출토되었다 할지라도 그것이 동시에 제작된 것이라고 확정할 수 없다. 일괄유물이라 하더라도 제작의 동시성과 폐기나 매납의 동시성은 구별하지 않으면 안 된다. 왜냐하면 청동기 등의 유물은 전세(傳世)될 가능성이 있기 때문이다. 실제로 네 형식에 걸친 동탁(銅鐸)이 일괄 매납되어 있었던 시마네현(島根県) 가모이와쿠라(加茂岩倉)유적의 사례는 그러한 상황을 여실히 보여주고 있다. 예를 들어 여러 시기에 걸쳐 사용된 화폐가 하나의 호(壺)에 대량으로 넣어진 채로 매납된 경우, 분명 인위적인 행위의 산물이지만 일괄 매납되어 있다는 점에서 집합(aggregate)과는 구별되어 일괄유물의 범주로 이해되는 경우가 많다.

2. 편년과 방법

1) 야마노우치 스가오山内清男의 조몬토기繩文土器 편년

시간적인 종방향의 변화와 지역색이라고 하는 횡방향의 변이를 그물코처럼 엮어 서열화시키는 것이 편년작업이다. 이렇게 해서 짜여진 것을 편년망이라 하는데, 여기에서는 일본고고학을 대표하는 편년과 그 방법 두 가지를 들어 설명하도록 한다.

우선 선사시대의 편년을 학사적으로 대표하는 것이 야마노우치 스가오의 업적이다. 야마노우치는 1910년대부터 조몬시대 유적을 발굴해서 토기를 편년하는 작업을 정력적으로 해나갔다. 그 때 본보기로 삼은 것이 고생물학자인 마쓰모토 히코시치로(松本彦七郎)의 방법이었다.

마쓰모토는 센다이이완(仙台湾)의 조몬시대 패총을 발굴했는데, 층위학에서 배운 대로 층을 나누면서 발굴을 진행했고, 각각의 층에 어떤 토기가 포함되어 있는지 형식학적 관점에서 분석해서 선후 관계를 결정했다. 마쓰모토는 토기의 구연부, 동체부, 저부 각각의 부위에 장식된 문양이 발생, 진화, 퇴화를 거쳐 소멸한다는 진화론적인 움직임을 도출하였고, 그 서열을 층위를 통해 확인하려고 노력했다. 생물의 계통 발생이라고 하는 관점을 토기의 부위에 따른 문양의 계통 변화에 응용한 것이다.

야마노우치는 유전학에 뜻을 둔 과학자이기도 했기 때문에 역시 생물학적인 관점으로부터 토기의 부위마다 표현된 문양대가 계통 발전을 반복하는 현상에 주목하였다. 이렇게 설정한 문양대 계통론을 무기로 하여 편년하였는데(그림 3-6), 1920년대 후반에는 전국적인 조몬토기의 편년망을 구축하기에 이른다. 야마노우치도 도호쿠(東北), 간토(関東)지방의 패총을 중심으로 하여 유적의 층위를 나누면서 발굴함으로써, 층위를 통한 형식조열의 검증 작업을 소홀히 하지 않았다. 마쓰모토와 함께 자연과학자로서의 작법을 잘 습득했던 결과일 것이다.

야마노우치가 조몬토기의 편년을 전국적으로 구축했을 때 조몬토기의 1형식은 'A라는 지역에서도, B라는 지역에서도 같은 시기이다'라는 원칙

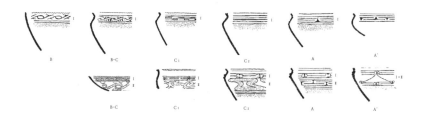

[그림 3-6] 야마노우치 스가오(山内淸男)의 조몬시대 만기 오호라(大洞)식토기 편년
이와테현(岩手県) 오후나토시(大船渡市) 오호라패총 A~C지점의 지점별 자료를 대상으로 하여 Ⅰ·Ⅱ 문양대의 변화를 기준으로 토기의 상대순서를 정했다.
출전 : 山内淸男, 1930, 「所謂亀ヶ岡式土器の分布と縄紋式土器の終末」『考古学』, 第1巻 第3号(pp.140~141)

에 기초하고 있었다. 예를 들어 간토지방의 조몬시대 중기 중엽의 가소리(加曾利)E1식토기[3]가 나가노현(長野県)에서 출토된 경우, 그것은 간토지방에서 가소리E1식토기가 만들어지고 사용되었던 기간 중에 이동해서 폐기된 것이라고 하는 전제가 있었다. 그러나 이동에 필요한 시간을 장기간이라고 가정한다면 간토지방에서는 가소리E2식이 사용되고 있었을 때 나가노현에서는 가소리E1식이 사용되고 있었을 가능성도 배제할 수 없다.

따라서 이러한 점을 검증하기 위해서는 교차편년, 혹은 교차연대법(cross dating)이라고 불리는 방법이 필요하다. A지역의 X1형식과 B지역의 Y1형식이 동시기의 형식이라고 가정했을 경우, B지역으로 이동된 X1형식과 재지의 Y1형식이 공존하고 있는 사실이 확인된다고 해서 X1형식과 Y1형식의 동시성은 담보되지 않는다. 앞에서 사례를 든 것처럼 이론상

[표 3-1] 교차편년의 원리

연대＼지역	A	B
1	X1	
2	X2	X1 + Y1
3 ⋮	X3 ⋮	Y2 ⋮

1-불충분한 교차편년

연대＼지역	A	B
1	X1 + Y1	Y1 + X1
2	X2	Y2
3 ⋮	X3 ⋮	Y3 ⋮

2-바른 교차편년

---

3 지바현(千葉県) 가소리(加曾利) 패총 출토 토기를 표식으로 한다.

있을 수 있는 현상, 즉 A지역에서 B지역으로 X1형식이 전파되어 Y1형식과 공반했을 때 이미 A지역에서는 X2형식의 시기로 이행된 상황이어서 시간적으로는 Y1형식이 X2형식과 동시기가 될 가능성도 있기 때문이다. 이 정도의 공존 사실로 교차편년을 했다라고 말하는 경우도 있지만(표 3-1의 1), 실은 잘못된 것이다. A지역에서도 X1형식과 Y1형식이 공반해서 출토되는 사실이 확인되어야지만 서로의 공반관계에 기초한 진정한 교차편년이라고 할 수 있다(표 3-1의 2).

야마노우치는 각지에서 행해진 수많은 발굴조사 성과를 토대로 이론상 있을 수 있다고 한 이 현상이 발생하지 않는 자료를 축적해 가면서 조몬토기의 편년을 구축하였다.

2) 고바야시 유키오小林行雄의 야요이토기弥生土器 양식론

거의 비슷한 시기에 간사이(関西)지방에서는 야요이토기가 편년되고 있었다. 이 편년을 선도한 고고학자가 고바야시 유키오이다. 고바야시가 주목했던 문화 편년의 분석 개념은 양식론이라고 말해지고 있다. 그의 글을 인용하면 「야요이식토기의 연구에서는 기형(기종)에 따라 제작 기법의 차이가 현저하기 때문에 호(壺)에 속하는 A형식과 옹(甕)에 속하는 B형식이 동시에 존재했다는 사실을 확인한 다음, A·B 양 형식의 동시성을 증명하기 위해서는 그것들이 X양식에 속해야 한다」라는 설명 방법을 취하고 있다. 야마노우치의 형식학에서는 폼(form), 즉 기종의 세분 단위가 형식이고, 그 집합도 형식이었지만 고바야시는 후자를 양식으로서 구분했다.

조몬토기의 편년은 다수의 층이 퇴적된 패총 등 복수의 층위를 기초로 하고 있는데 반해, 간사이지방 야요이시대 취락의 편년은 층위적으로 출토된 자료를 기초로 하고 있지 않다. 고바야시는 유적이나 유구마다의 단순한 자료, 혹은 일괄유물에 가까운 개념을 양식 설정의 단위로 하거나, 소거법을 이용해서 자료를 단순화시켜 가는 작업을 실시하였다. A·B형식이 출토된 유적이 있고, A·B·C형식이 출토된 유적이 있다고 한다면, 소거법을 통해 남게 된 C형식은 단순한 시기의 독립된 한 형식으로 인정할 수 있다고 하는 논리이다.

　[그림 3-7]은 고바야시가 심혈을 기울인 나라현(奈良県) 가와히가시무라(川東村) 가라코(唐古)유적의 야요이토기 양식 편년이다. 이 가라코양식을 토대로 긴키(近畿)지방의 야요이토기 양식 편년이 확립되었다. 이 그림을 보면, 계통의 발생을 찾아가듯이 가지가 나뉘어져서 연결되어 있는데, 이 각각의 형식조열을 종방향의 기준자료로 삼고, 그것이 다시 횡방향의 축으로 짜여지듯이 배열한 매우 구조적인 편년이라는 점을 알 수 있다. 하

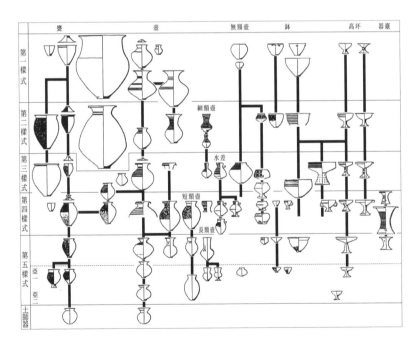

[그림 3-7] 고바야시 유키오(小林行雄)에 의한 야요이토기의 양식편년

출전 : 小林行雄, 1943, 「弥生式土器細論」『大和唐古弥生式遺跡の研究』, 京都帝国大学

나의 양식 속에 상하로 배열된 2개의 형식은 하나의 양식 속에서 형식이 세분된 것을 의미한다.

3) 페트리Petrie의 SD법과 빈도 세리에이션seriation

영국의 고고학자 플린더스 페트리(Flinders Petrie)가 제창한 편년 방법으로 SD법이 있다.

SD법은 Sequence Dating의 약칭이다. 일본에서는 페트리에게 SD법을 배운 하마다 코사쿠(濱田耕作)에 의해 가수연대법(仮数年代法)으로 번역되었다[4]. 이집트 고고학자였던 페트리는 선왕조시대의 토기를 편년할 때 무덤에서 출토된 토기군을 일괄유물로 취급하여 편년의 기준으로 삼았다. 그 때 같은 토기가 2점 이상 확인된 무덤을 연대적으로 가깝다고 보면서 선후관계를 배열해 갔다. 선후관계를 확인할 때에는 토기의 어깨 부분에(견부, 肩部) 부착된 손잡이(파수, 把手)가 흔적기관으로 변해가는 양상을 기준으로 순서를 결정했다. 이 작업은 20세기 초에 행해졌는데, 19세기 몬텔리우스의 형식학적 방법론을 잘 받아들인 것으로 보인다. 또한, 기종을 세별한 형식조열을 만들고, 일괄자료로써 양식을 설정하여 배열한 방법은 고바야시 양식론의 모체가 되었다고 봐도 무방하다(그림 3-8). 페트리는 청동기나 석기의 편년에도 이 방법을 적용했다.

---

4   일본에서 완성된 고바야시 유키오 양식론의 모체는 SD법이라 할 수 있다. 한국에서는 계기연대법으로 번역되어 명칭이 일반화 되었다(이희준, 1986, 「페트리 계기연대법(sequence dating)의 편년원리 고찰」『영남고고학』1). 결국 하마다 코사쿠가 가져온 방법론을 고바야시가 발전시켜 발표한 연구성과가 일본고고학의 편년에 오랫동안 압도적인 영향력을 미쳐 왔고, 한국고고학에도 적지 않은 영향을 미치게 되었다(이창희, 2021, 「유물로부터 시간을 읽어내는 방법」『코기토』93).

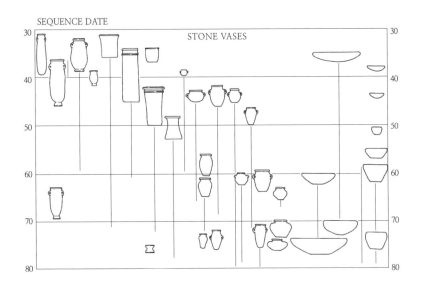

[그림 3-8] 페트리(Petrie)에 의한 가수연대 다이어그램

출전 : 濱田耕作, 1922, 『通論考古学』, 大鐙閣

실연대를 알 수 없는 선왕조시대의 일괄유물을 대상으로 하여, 이를 테면 35년-42년이라는 계속되는 연수를 할당하였기 때문에 가수연대법 이라고 하였는데, 그 가수연대의 근거는 잘 알 수가 없다. 중요한 점은 가수연대를 할당했다는 것이 아니라 확실한 방법론에 기초하여 양식편년을 하였다는 점, 복수의 자료를 통해 그것을 구성하려고 했다는 점에서 문화의 총체적 편년을 시도했다는 것이다.

어셈블리지(assemblage)를 바탕으로 하여 작업하는 이러한 상대편년 방법을 개량한 것이 W. 로빈슨(Robinson)과 G. 브레이너드(Brainard)에 의한 빈도 세리에이션(seriation)이라고 불리는 방법—빈도순서배열법— 인데, 독특한 빈도 그래프를 이용한 분석이다. 이 방법은 미국의 고고학자 제임스 디츠(James Deetz)가 분석한 매사추세츠주(Massachusetts)에 소재하는 18세기부터 19세기에 걸쳐 형성된 공동묘지의 비석 연구가 대표적인 사례로 꼽히는데 이에 대해 살펴보도록 한다.

우선 묘비에 조각된 도안에 따라 형식을 구분하였다. 또한 각 묘비에

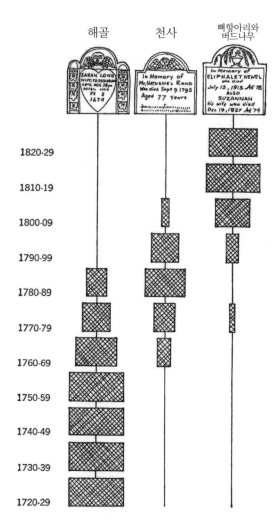

[그림 3-9] 제임스 디츠(James Deetz)에 의한 매사추세츠
주 스톤햄(Stonham) 공동묘지 비석의 세리에이션
출전 : 上原眞人, 2009, 「セリエ―ションとは何か」 『考古
学―その方法と現状―』, 放送大学教育振興会(p.137)

는 그것이 언제 세워졌는지 새겨져 있기 때문에 연대를 조사한다. 그리고 가로축에 형식을 배열하고, 세로축에 연대를 10년 단위로 배열하여 각각의 연대폭에 세워진 묘비의 수를 그래프로 나타내었다. 그랬더니 어떤 형식의 증감이 세로축 상에서 방추형(紡錘形, 볼록렌즈 모양)으로 나타났으며, 그것이 가로로 병렬되는 그래프가 되었다. 디츠는 이 방추형 모양을 전함형 곡선이라고 불렀다(그림 3-9).

이 방법의 장점은 가로로 늘어선 각 가로 박스의 총합은 정량적으로 정해져 있기 때문에 세로로 비교해 보면, 양식편년에서 각 기종이나 형식의 양적인 증감이 정량적으로 나타나고, 그 변화를 전체적으로 일목요연하게 파악할 수 있다는 점이다. 그래프가 반드시 방추형을 띠지는 않는다. 삼각형이나 역삼각형 모양을 띠기도 하는데, 각각 출현과 소멸의 특수성이 있기 때문이다. 이러한 특수성을 분석하는 것도 변화의 의미나 배경을 고찰하는 데 도움이 되며, 무엇보다도 시각적으로도 매우 효과가 있는 분석 방법이라 할 수 있다.

3. 시대구분의 고고학적 방법

1) 삼시기구분법과 그 평가

이전의 시대에서 이후의 시대로 변화하는 것에 대해 어떤 인식을 갖고 접근해야 하는지, 어떤 의의가 있는지를 알아내기 위해 각 시대를 평가해 가는 것은 역사학의 중요한 역할이다. 그때 문자가 존재하지 않았던 시대라면 고고학의 역할은 매우 클 것이며, 시대구분에 대한 고고학적인 방법이 필요하게 된다.

고고학에서는 일찍부터 도구의 소재에 따라 시대를 구분하는 방법을 사용해 왔다. 로마시대의 철학자 루크레티우스(Titus Lucretius Caru)는 인류는 ①돌의 시대, ②동(銅)의 시대, ③철의 시대를 겪어 왔다고 했다. 이러한 삼시기구분법은 중국에서도 후한(後漢)시대 초기 『월절서(越絶書)』에서 보인다.

삼시기구분법을 역사학 속에서 부활시킨 것은 덴마크의 역사학자 베델 시몬센(Vedel Simonsen)이다. 1813년에 간행된 저서에서 스칸디나비아(Scandinavia) 고대 문화의 역사는 '돌의 시대, 동의 시대, 철의 시대'라는 세 시대로 구분된다는 것을 무기나 도구를 통해 설명하였다.

이보다 일찍 1808년에 영국의 콜트 호어(Colt Hoare)도 발굴한 유물이 석제, 황동제, 철제로 변화해 가는 것을 알게 되었는데, 이 사실을 박물관 유물 전시에 응용함으로써 세간에 정착시킨 것이 덴마크의 크리스티안 톰센(Christian Thomsen)이었다. 그는 1819년 개관한 박물관의 전시 가이드에 이 구분에 대해 설명하였는데, 일반 서적으로는 1836년에 출판된 『북유럽 고대학 입문』에 명기되었다.

1865년이 되면 영국의 선사학자 존 러복(John Lubbock)이 프랑스의 솜(Somme)강 계곡 등에서 갱신세에 멸종한 동물의 화석과 함께 뗀석기가 출토된 것을 확인하게 되면서 그 시대를 구석기시대로 하고, 간석기가 등장하는 신석기시대와 구별함으로써 석기시대를 두 시기로 나누었다.

그러나 세계에는 이와 같이 세 시기를 거쳐 온 지역이 있는 반면 그렇지 않은 지역도 많다. 또한 재질은 동(銅)이라 할지라도 석기를 만드는 기술로 제작된 경우도 있기 때문에 기술사적인 관점에서 보면 청동기시대라 명명해도 좋을지 의문인 경우가 생기는 등 문제점도 많다는 지적이 이미 하마다 코사쿠의 『통론고고학(通論考古学)』(1922)에서 있었으며, 금석병용기(金石竝用期) 등으로 불리기도 하였다. 일본열도에서도 야요이시대(弥生時代)에 처음 등장하는 철기(수입품)는 파손되거나 분할한 철기의 일부분을 마연하여 날을 세운 것이어서 석기의 제작 기술에 의해 만들어졌다고 지적되었다. 이 단계를 철기시대라고 불러도 좋을지는 심히 고민스러운 점이다.

2) 차일드Childe의 시대구분

삼시기구분법은 이처럼 문제를 안고 있는 기술적 기준으로 세워진 구분이기 때문에 그대로 범세계적인 인류사에 적용할 수 없음을 20세기 전반에는 모두가 인식하게 되었다. 또한 이기(利器)라고 하는 도구의 변천만으로 어떻게 인류사를 재구성할 수 있을지에 대한 부정적인 인식도 생겨나게 되었다.

오스트레일리아에서 태어난 영국인 사회고고학자 고든 차일드(Vere Gordon Childe)는 인류사를 구분하는 데 있어 사회경제적인 발전단계설을 제창했다. 1936년에 간행된 저서 『Man makes himself』에서 인류사에서 중요한 3개의 혁명을 제시했다. 그것은 신석기혁명, 도시혁명, 산업혁명이었다. 신석기혁명이란 역사의 전환적 측면에서 그 중요한 계기가 마제석부의 사용과 같은

[그림 3-10] 고든 차일드
© Courtesy of Historic Environment Scotland(Vere Gordon Childe Collection)

간석기의 출현이 아니라 농업의 개시라고 했다. 그는 마르크스주의의 영향을 받았는데, 마르크스나 엥겔스가 제시한 사적유물론(史的唯物論)이 구축될 무렵 그 근간이 된 미국의 인류학자 루이스 모건(Lewis Henry Morgan)이 제창한 '야만 → 미개 → 문명'이라고 하는 발전단계설을 염두에 두고 있었다.

그의 생각은 삼시기구분법을 바탕으로 하여 거기에 경제적인 지표를 부가한 것으로 볼 수 있기 때문에 수정 삼시기구분법이라고 해도 좋다. 또한 차일드는 몬텔리우스가 주장한 모든 고대 문명은 서아시아에서 기원해서 전파된 것이라는 문화전파주의에 대해 신중할 필요가 있다고 하면서 유럽의 신석기문화 출현은 메소포타미아에서 전파되었다고 하였다. 이 수정 전파주의를 기초로 한 그의 인식은 후에 영국의 고고학자 콜린 렌프류(Colin Renfrew)에 의해 방사성탄소연대측정법이나 연륜연대법을 통해서 비판을 받게 되었다. 이로 인해 스톤헨지와 같은 거석문화는 유럽에서 독자적으로 형성되었다는 것이 밝혀지게 되었다.

또한 농업의 개시를 혁명이라고 표현한 것에 대해서도 지적을 받게 되었다. 이스라엘의 중석기시대 나투프(Natufian) 문화의 연구성과 등에 의해 식물 이용은 다각화를 거치면서 서서히 형성되어 왔다고 하는 긴 프로세스에 대해서도 관심을 가지게 되면서 '혁명'에 대해 반드시 적절한 역사적 평가를 내리기가 어렵게 되었다.

하지만 이러한 문제가 있다 하더라도 차일드의 시대구분은 인류사의 재구성이라는 측면에서 보다 본질적인 시대구분으로서 넓게 받아들여졌다. 차일드는 고고학적으로 문화를 어떻게 인식해야 하는지에 대해서도 방법론을 구축했을 뿐만 아니라, 일본고고학에서는 아직도 높은 평가를 받으며 인기가 높은 인물이다.

3) 일본 선사고고학의 시대구분

1877년 에드워드 모스(Edward Sylvester Morse)가 조사한 도쿄부(東京府) 오이무라(大井村) 오모리(大森) 패총의 발굴을 통해 일본에 석기시대가 있었다는 사실이 과학적으로 밝혀지게 되었지만, 그것이 곧 조몬시대(繩文時代), 야요이시대(弥生時代)라고 하는 시대구분으로 이어지지는 않았다. 이후 여러 유적의 발굴조사가 진행되면서 토기에도 다양한 차이가 있다는 점에 착목하게 되어 연구가 축적되었는데, 이 성과들이 시대구분론의 진전에 매우 큰 역할을 했다.

1884년에 당시의 조몬토기와는 다른 성격을 가진 토기가 도쿄부(東京府) 혼고쿠(本郷区) 무코가오카(向ヶ丘) 야요이초(弥生町)에서 발견되어, 그 지명에 유래한 야요이식토기(弥生式土器)라는 이름이 붙여졌다(그림 3-11). 더욱 연구가 진행되면서 조몬토기와 야요이토기는 서로 사용되었던 시대가 달랐던 것으로 밝혀지게 되어, 석

[그림 3-11] 야요이토기 제1호
제공 : 東京大学総合研究博物館

기시대는 조몬시대와 야요이시대로 구분되었다. 그 후 고분을 축조하고 하지키(土師器)[5]라는 토기를 사용하는 고훈시대(古墳時代)가 설정되었다.

---

5   야요이토기의 제작 전통이 이어지는 고훈시대(古墳時代)부터 헤이안시대(平安時代)에 걸쳐
     생산된 산화염 소성의 적갈색 토기.

아시아·태평양전쟁이 끝난 후 이와주쿠(岩宿)유적에서 구석기가 발견됨에 따라 일본에도 구석기시대가 존재했었다는 것을 알게 되었다. 그러나 구석기시대란 유럽에서 석기시대를 둘로 나눈 것 중 하나에 해당하는 명칭이고, 나머지 하나를 신석기시대라고 하는 역사가 있다. 이에 대해 일본에서는 유럽과 같은 명칭을 사용하고자 했던 부류와 일본 독자의 명칭을 사용하려는 부류가 혼재하고 있었다. 구석기시대를 선토기시대로 부르거나 이와주쿠시대라고 부르려고 했던 주장은 이러한 부정합을 통일시키기 위한 시도였다.

조몬시대와 야요이시대의 구분에 대해서는 학사적으로 보아 토기의 차이에 의해 구별되어 있었는데, 사하라 마코토(佐原真)에 의해 그 기준이 달라지게 되었다. 사하라는 이기(利器)에 의한 시대구분보다 경제적 지표에 의해 구분하려 했던 차일드(Childe)의 방법에 의거하여 보다 본질적인 시대구분으로서 농업의 본격화를 지표로 삼아 두 시대로 구분했다. 토기에 의한 구분을 배제했던 또 하나의 이유는 가마를 사용하지 않고 토기를 만드는 제작기술은 두 시대 모두 연속적이어서 조몬토기와 야요이토기를 제도(製陶) 기술사적 측면에서는 분리할 수 없었기 때문이다.

곤도 요시로(近藤義朗)는 시대구분의 지표를 '①이전 시대에는 없었거나 맹아적인 특징을 갖고 있고, ②사회적으로 중요하며, ③지배적·보편적인 고고자료'라고 하였다. 무엇을 지표로 해서 시대를 구분해야 하는가에 대해서는 지극히 논리적인 문제이다. 또한 단일 지표를 통해 시대를 구분하고, 그것을 모든 지역에 적용하면 많은 문제가 있다는 것을 항상 인식해 두어야 한다.

예를 들어 도호쿠(東北)지방 북부에서는 야요이시대 전기까지 계속해서 수렵채집 생활이었는데, 전기부터 중기까지 약 300년간 잠시 도작농경이 확산된 이후, 다시 수렵채집 생활로 돌아가게 된다. 이러한 양상에 대해 보편성과 불변성을 중요시하는 입장으로 본다면 도호쿠지방 북부에는 야요이시대가 없었던 것이나 다름없다. 하지만 조몬시대와 야요이시대의 경계를 농경문화의 형성으로 보되, 생활문화의 변화와 함께 야요이시대의 지역성을 중요시하는 시선으로 바라볼 수도 있는 것이다. 또한 그 과정에서 정치적 사회가 형성되고, 이와 함께 지역적인 격차가 발생하면서 나타나는 현상으로도 볼 수 있기 때문에 도호쿠지방 북부에 짧게나마 야요이시대가 있었다고 할 수도 있는 것이다.

이와 같이 시대를 어떠한 시점을 기준으로 구분해야 하는지는 그 논리에 따라 다양해질 수 있다는 것을 역사라는 학문의 숙명으로 받아들일 필요가 있다.

IV.
연대결정론 2
- 절대연대 -

후지오 신이치로
藤尾慎一郎

목표 & 포인트　자연과학적으로 연대를 구하기 위해서는 측정 대상이 되는 자료에 따라 적절한 측정법을 선택할 필요가 있다. 이 장에서는 상대연대에 대비되면서 절대연대라고 불려 온 수치연대를 구하기 위한 자연과학적인 방법을 소개한다. 또한 이렇게 구해진 수치연대를 어떻게 정밀한 토기 편년체계 등에 적용해야 하는지 연대결정법에 대해 종합적으로 설명한다.

키워드　절대연대, 실연대, 역연대, 보정연대, 보정곡선, 위글매치법(Wiggle Matching), IntCal, 동위원소, 방사성원소

1. 들어가며

자연과학적으로 연대를 구하는 방법은 몇 갈래로 나눌 수 있다. 물리적인 성질을 이용하는 방법, 방사성원소에 주목해서 연대를 조사하는 방법, 나무의 나이테를 이용하는 방법 등이 있다. 구체적으로는 열잔류지자기분석법(熱殘留地磁氣分析法), 열루미네센스법, 피션트랙연대측정법, 방사성탄소연대측정법, 연륜연대법 등이 있다.

가장 좋은 결과를 낼 수 있는 측정 대상은 무엇이며, 몇 년 전까지 측정할 수 있을까? 또한 수치연대라 하더라도 그 단위가 1년 단위로 좁을 수 있고, 100년 단위로 넓을 수 있기 때문에 그 분해능력(정밀도)이 측정법에 따라 달라지게 된다. 따라서 측정 대상이 되는 자료의 특성에 따라 적절한 측정법을 선택할 필요가 있다.

연대를 측정하게 되면 몇 년 전의 자료인지를 알 수 있게 된다. 상대연대에 대비해서 절대연대로 불리는데, 최근에는 수치연대로 부르기도 한다. 수치연대가 무슨 시대의 언제 즈음에 해당하는지 알 수 있다면, 그 유용성은 훨씬 더 올라가게 된다. 만약 토기의 형식에 따라 매우 정밀하게 상대편년이 되어 있고, 거기에 수치연대를 대입할 수 있게 된다면, 유적이나 유구, 토기와 함께 출토되는 각종 유물에도 연대를 부여할 수 있게 되기 때문이다. 이러한 자연과학과 고고학의 학제적인 연구에 의해 얻어질 수 있는 종합적인 연대결정법에 대해서 살펴보도록 한다.

2. 연대를 측정하는 방법 -피열被熱된 자료-

1) 잔류殘留하는 지자기地磁氣를 이용하는 방법

열잔류지자기분석법(熱殘留地磁氣分析法, Thermoremanent magnetization Method, TRM), 또는 고고지자기법(考古地磁氣法)이라고 한다. 점토 속에 포함되어 있는 자철광(磁鐵鑛)이나 적철광(赤鐵鑛) 등의 자성을

띠는 광물은 500~600℃ 이상의 열을 받게 되면 자성을 잃게 된다. 그러나 고온에서 저온으로 식어가는 과정에서 당시의 지구 자장의 방향이나 세기에 따라 다시 자기를 띠면서 고정화되는 것으로 알려져 있다. 이 현상을 열잔류자화(熱殘留磁化)라고 한다.

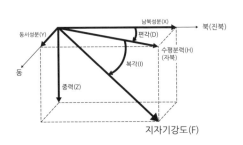

[그림 4-1] 지자기의 3요소
D: Declination(지자기편각), I: Inclination(지자기복각), F: total force(지자기강도)
출전 : 齋藤努 監修, 2010, 『必携考古資料の自然科学調査法』, 考古学ライブラリー65, ニューサイエンス社(p.216)

지자기는 지자기 영년변화(永年變化)라고 불리는 천천히 변화해 가는 성질이 있기 때문에 가열된 시대가 다르면 열잔류자화의 방향도 달라지게 된다. 따라서 과거의 지자기 영년변화의 양상을 알고 있으면 측정한 열잔류자화가 언제의 지자기 방향과 일치하는지를 보면서 연대를 추정할 수 있게 된다. 현재 일본에서 본 지구자기장의 방향은 편각 -3°~-10°, 복각 35°~60°이다(그림 4-1).

일본에서는 히로오카 키미오(広岡公夫)가 도카이(東海)·호쿠리쿠(北陸) 지방 서남쪽 일대의 각지에서 조사된 유적에서 불에 탄 흙을 시료로 하여 TRM측정 데이터를 축적하였다. 이를 바탕으로 하여 고고학적 편년에 따라 연대순으로 배열하여 과거 2000년간에 걸친 상세한 고고지자기 영년변화 곡선을 만들었다. 야요이시대 중기말(기원전 1세기 후반) 이후의 연

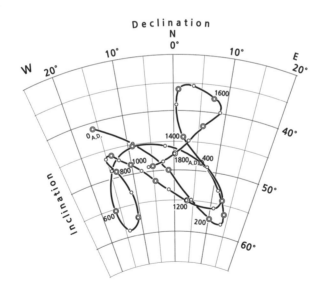

[그림 4-2] 서남 일본의 과거 2000년 간의 고고지자기 영년변화
출전 : 広岡公夫, 1977, 「考古地磁気及び第四紀古地磁気研究の最近の動向」『第四紀研究』15, 日本第四紀学会(pp.200-203)

대측정이 가능하게 되었다(그림 4-2). 그 후 서남 일본에서도 지역차가 나타난다는 것이 밝혀지게 되었고, 지금은 도카이지방과 호쿠리쿠지방에 국한된 영년변화 곡선이 만들어져 있다.

가마(도기, 기와)나 화로(제철로, 단야로, 주거지) 등 불을 받고 나서 움직이지 않은 구조물이나 화재가 일어난 곳의 토양 속에서 시료를 채취할 수 있다.

2) 열이나 레이저 빛에 의한 발광현상을 이용하는 방법

불을 맞은 돌이나 흙이 열을 받은 때로부터 주위의 자연방사선의 영향을 몇 년이나 받아 왔는가를 측정하는 방법이다. 측정 대상은 한정적이며, 몇 % 정도의 오차가 있기 때문에 구석기시대, 방사성탄소연대측정법을 보완하는 수준에서 토기나 기와 등 피열된 자료의 연대측정에 이용된다.

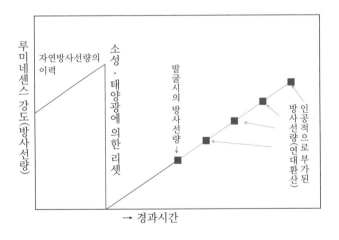

[그림 4-3] 루미네센스 연대측정법의 개념도
시료에 일정 연수에 상당하는 선량을 인위적으로 조사(照射)해서 루미네센스양과의 관계로부터 발굴되었을 때까지의 경과 시간이 계산된다
(今村峯雄 작성).

점토 속에 포함되어 있는 석영은 주위로부터 미약한 방사선을 받게 되면, 그 양에 비례해서 유리전자(遊離電子)[1]를 축적하게 된다. 열에 쉽게 반응하는 성질을 갖고 있기 때문에 500℃ 이상으로 가열하면 원래의 안정된 상태로 돌아가게 되는데, 그때 빛을 낸다. 이것을 열루미네센스(Thermo-luminescence)라고 한다(그림 4-3).

빛의 세기는 축적된 방사선의 양에 비례하기 때문에 빛의 강도에 따라 구해지는 방사선의 양과 출토된 장소의 연간 방사선량과의 관계를 통해 500℃ 이상으로 열을 받았을 때부터의 연수를 알아낼 수 있다. 약 100만 년 전까지를 대상으로 하는 한편, 방사선의 양이 항상 일정하지는 않았기 때문에 방사선의 양이 불균등했을 경우 오차의 원인이 된다. 측정에 필요한 시료의 양은 석영입자로부터 약 50㎎, 토기라면 한 변이 3~5㎜ 정도인 육면체 크기이다. 자료 본체를 잘라내어야 하는 파괴분석이기 때문에 고고학자의 저항이 강한 측정법이다. 주요한 측정 사례로서 조몬시대(繩文時代) 초창기의 융선문토기(隆線文土器), 고대 제철로(製鉄炉)나 테프라(tephra) 등을 들 수 있다.

3) 피션트랙연대측정법Fission-track Dating

토기나 유리, 화산재 속의 광물에 포함된 우라늄-238의 자연 핵분열에 의해 발생하는 손상(FT : Fission-track)이 어느 정도인지를 측정하여 연대를 추정하는 방법으로, 피션트랙의 수는 우라늄의 농도와 연대에 비례한다.

---

1   원자의 구성으로부터 떨어나온 전자(출처: 표준국어대사전)

우라늄-238이 자연 핵분열(Fission)하게 되면, 원자량의 절반 정도로 무거운 핵분열 조각을 방출한다. 이것이 지르콘(zircon, 규산염 광물)이나 유리 속으로 날아가서 상처(track)를 입히게 되면서 결정구조를 손상시킨다. 그러나 이 손상은 500~700℃의 열을 받게 되면 사라져 버린다. 따라서 피열 후 다시 우라늄-238의 자연 핵분열에 의한 손상이 생기게 되는 셈인데, 우라늄-238이 분열하는 속도는 일정하기 때문에 피션트랙의 수를 측정하면 피열 후 몇 년이 지났는지를 알 수 있게 된다.

측정은 토기나 유리 등에 포함되어 있는 지르콘(100㎛ 정도 이상의 덩

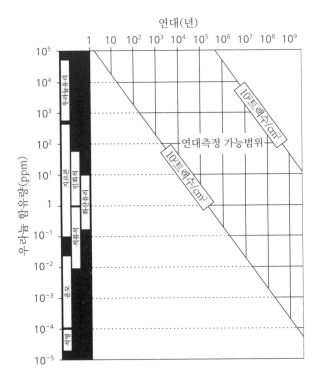

[그림 4-4] 피션트랙 분석법의 원리
광물의 우라늄 함유량과 FT 연대측정 가능 범위(今村峯雄 작성)

어리로 수십 개의 입자가 필요) 등의 광물입자 표면을 연마해서 단위면적당 피션트랙 농도를 계측한다. 측정 가능한 범위는 우라늄 농도에 의해 결정된다(그림 4-4).

주로 지질학 분야에서 이용되는데, 고고학에서는 전·중기 구석기시대의 지층 판정을 중심으로 야요이시대(弥生時代)부터 에도시대(江戸時代)에 걸쳐 토기나 기와, 불에 탄 흙 속의 지르콘, 슬래그(slag) 속의 유리질 부분, 유약 등이 측정되고 있다.

이 방법은 산지를 추정하는 데도 효과를 발휘한다. 스즈키 마사오(鈴木正男)가 원산지에서 채취한 흑요석을 대상으로 하여 피션트랙연대, 우라늄 농도를 조사한 바 있다. 그 결과 나가노현(長野県)의 와다토게(和田峠)나 하코네(箱根) 등 이름만 들어도 알만한 흑요석 원산지의 연대가 밝혀지게 되었다. 이로 인해 유적에서 출토된 흑요석의 피션트랙연대를 조사하게 되면, 산지가 어딘지도 추정할 수 있게 되었다.

참고로 지바현(千葉県) 산리즈카(三里塚)No.14유적에서 출토된 조몬시대 조기로 비정된 흑요석은 신슈(信州)산이 59%, 하코네(箱根)산이 37%로 추정된 바 있다.

3. 방사성탄소연대와 연륜연대

1) 방사성탄소연대측정법Radiocarbon Dating

방사성탄소의 동위원소를 이용해서 고고·역사 자료의 연대를 결정하는 방법이다. 탄소에는 중성자 수가 달라 무게는 다르지만 화학적인 성질이 같은 3개의 동위원소가 있다. 이 중 탄소12(^{12}C)와 탄소13(^{13}C)은 자연계에서 안정적으로 존재하는 안정동위원소이지만, 탄소14(^{14}C)는 불안정하여 β선을 내면서 붕괴되어 가는 방사성동위원소이다.

^{14}C의 양이 자료 속에 얼마나 남아 있는지를 조사하면, 몇 년이 지났는지 알 수 있게 된다.

자연계에서 ^{14}C의 존재 비율은 ^{12}C에 비해 약 1조 분의 1에 지나지 않는다. 그 이유는 ^{14}C가 약 5,730년이 지나게 되면 절반이 질소14(^{14}N)로 변하기 때문이다. 한편, ^{14}C는 대기권 상층에서 지구로 쏟아져 내려오는 우주선이 대기 성분과 반응해서 생긴 중성자가 질소원자와 충돌하면서 만들어지게 된다. 우주선의 양은 태양활동의 영향을 받아 강해지거나 약해지기 때문에 만들어지는 ^{14}C의 양도 해마다 일정하지 않다.

탄소는 유적에서 출토되는 목재, 목탄, 뼈, 치아, 패각, 칠(漆), 니탄(泥炭), 토양 등에 포함되어 있다. 식물이나 동물은 광합성이나 음식 등을 통해 체내에 탄소가 들어오게 되며, 호흡이나 배설 등을 통해 체외로 배출한다. 살아있는 동안에는 체내의 ^{14}C 농도가 대기 중의 ^{14}C 농도와 같지만, 시들거나 사망하게 되면 그 시점부터 체내로 탄소를 흡입하지 않고 ^{14}C 농도는 줄어들기 시작한다. 즉, 방사성탄소연대측정법으로 얻어진 연대란 생물이 사망한 시점으로부터 몇 년 지났는지를 나타낸 것이다.

^{14}C연대측정법은 두 가지 방법이 있다. 하나는 베타선계수법(Radiocarbon Dating [β-counting Method]), 또 하나는 가속기질량분석법(Radiocarbon Dating [Accelerating Mass Spectrometry])이다. 각각은 장단점이 있다.

베타선계수법(이하, β선법)은 ^{14}C 원자 1개가 붕괴할 때에 전자 1개를 방출하는데, 이를 β선으로 측정하는 방법이다. 현대의 탄소 1g은 1분 동안 13.8개의 β선을 방출하고, 1만년 전의 시료에서는 4.1개를 방출하기 때문에 β선의 수를 측정하면 ^{14}C 농도를 알 수 있다. β선법은 미약한 방사선을 검출해야 하기 때문에 측정할 때 약 1~10g 정도의 많은 시료가 필요하며, 측정 기간도 수 일에서 수 주 걸리는 단점이 있다. 예를 들어 시료가 불에 탄 쌀이라면 쌀알이 모여진 한 뭉치 정도의 양이 필요하기 때문에, 만약 유적이나 유구에서 1점만 출토되었을 경우에는 측정할 수 없다. 측정에 필요한 탄소량을 확보하기 위해서는 측정 대상 이외의 관련 자료를 추가해야 할 때도 있다. 또한 토기에 붙어 있는 그을음이나 탄착물 등도 양이 너무 적기 때문에 측정할 수 없다.

β선법의 단점을 해소한 것이 가속기질량분석법(이하, AMS법)이다. 탄소가 약 1㎎ 정도로 극소량의 시료만 있으면 되고, 측정시간도 수 분에서 수 십분 정도이기 때문에 대량의 시료를 한 번에 짧은 시간으로 측정할 수 있다. 이로 인해 β선법으로는 측정할 수 없었던 토기에 부착되어 있는 그을음이나 탄착물 등도 측정할 수 있게 되었다. 전술한 불에 탄 쌀도 쌀알 하나면 측정할 수 있기 때문에 복수로 출토되었다면 시료 손실이라는 걱정을 덜 수 있는 측정법이다.

원리는 β선법과 같이 붕괴된 원자의 β선을 측정하는 것이 아니라 시료 속에 남아 있는 ^{14}C 원자의 수를 세는 방법이다. 따라서 반감기인 약 5,730년이 지나지 않은 시료라면 시료 속에 ^{14}C가 절반 이상 남아 있기 때문에 β선법보다 유리하다. 또한 예를 들어 4만년 전의 시료라 하더라도 탄소 1g 속에는 ^{14}C 원자가 4억개나 남아 있기 때문에 역시 β선법보다 유리하다.

β선법은 자연계의 방사선 영향을 받기 때문에 약 4만년 전 정도가 측정의 한계인 점에 비해 AMS법은 원리적으로 방사선의 영향을 받지 않기 때문에 반감기의 10배 정도인 약 5~6만년 전까지 측정할 수 있다.

방사성탄소연대(^{14}C연대)는 이 측정법을 개발한 리비(W. F. Libby)에 의해 정해진 ^{14}C의 반감기(5,568년)[2]를 이용해서 측정된 ^{14}C 농도로부터 경과한 연수를 계산해서, 서력 1950년부터 거슬러 올라간 연대를 ○○○

○ ^{14}C BP(Before Physics)로 표현한다. 예를 들어 1950±50 ^{14}C BP라는 방사성탄소연대는 자료의 ^{14}C 농도가 반감기 5,568년으로 계산한 경과 연수가 1950년에 상당하는 수치인 것을 의미하며, 거기에는 67%의 측정 오차가 앞뒤로 50년에 상당함을 의미한다. 이 수치연대에 대해 기원전 50년~기원후 50년 사이에 들어갈 확률이 67%라는 의미로 오해하기 쉬운데 그것은 틀렸다. 방사성탄소연대는 ^{14}C 농도에 상당하는 가상적인 연대이기 때문에 달력상의 시간과 같지 않다.

야요이시대(弥生時代)의 연구에 방사성탄소연대가 도입된 1960년대는 일본의 고고학자가 방사성탄소연대에 대한 이해를 거의 잘못하고 있었다. 이렇듯 잘못된 인식은 야요이시대의 개시연대를 기원전 300년경으로 보았던 점에서도 잘 드러난다.

전술한 바와 같이 우주선의 강도가 실제로는 해마다 다르기 때문에 생성되는 ^{14}C 농도도 해마다 같을 수가 없다. 하지만 방사성탄소연대측정법이 개발되었을 때만 해도 대기 중 ^{14}C 농도가 일정하다는 전제가 있었기 때문에 단순히 서력 1950년을 기준으로 경과한 연수만으로 실제의 연대를 추정하는 것은 곤란하다. 그렇기 때문에 연륜연대를 알고 있는 연륜의 ^{14}C 농도를 측정해서 보정할 필요가 있게 되었다.

이처럼 역연대(曆年代)를 알고 있는 연륜의 방사성탄소연대를 측정해서 그 결과를 집성하여 그래프로 표현한 것을 보정곡선(그림 4-5)이라 한다. 연대를 모르는 미지의 시료를 측정해서 방사성탄소연대를 보정곡선과

---

2 1949년에 시카고대학 리비 교수가 방사성탄소연대측정법을 실증했을 때는 탄소14의 반감기를 5,568년으로 생각했었지만, 이후의 연구를 통해 현재는 5,730±40년으로 밝혀졌다.

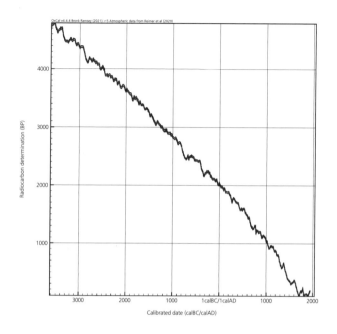

[그림 4-5] 보정곡선 IntCal20(BC3,600~AD1,950)
OxCal v.4.4 Bronk Ramsey(2021)

비교하여 통계학적으로 구해진 것이 보정연대(calibrated date)이다.

보정곡선에는 과거의 대기 중 ^{14}C 농도가 반영되어 있기 때문에 평탄한 부분도 있고 급경사인 부분도 있다. 시료를 20점 측정하면 1점 정도는 다른 연대가 나올 수도 있는 확률(2σ)로 보정연대를 구했을 경우, 그 범위는 보정곡선의 평탄한 부분과 방사성탄소연대가 만나는 경우일수록 넓어지게 된다(그림 4-6-A : 보정연대를 압축하기 어려움). 반대로 보정곡선의 경사가 급한 부분과 만나게 될수록 좁아지게 된다(그림 4-6-B : 보정연대를 압축하기 쉬움). 야요이시대로 예를 들면 조기후반이나 전기말의 보정연대 폭은 좁고, 연대 폭을 압축하기 쉽지만, 전기초두~후반, 중기전반~중엽 등의 보정연대 폭은 넓기 때문에 압축하기 어렵다. 이러한 특징을 이용

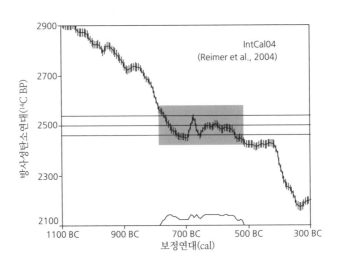

[그림 4-6-A] 압축하기 어려운 예
라인의 아래위 범위가 방사성탄소연대의 오차, 음영 부분은 보정연대
의 범위

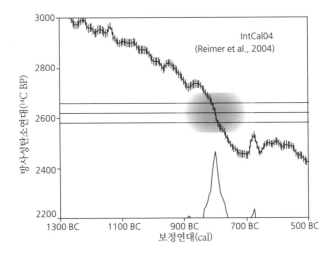

[그림 4-6-B] 압축하기 쉬운 예
라인의 아래위 범위가 방사성탄소연대의 오차, 음영 부분은 보정연대
의 범위

한 것이 4절에서 후술하게 될 조몬·야요이토기의 형식을 이용해 고정밀 연대망을 구축한 종합적 연대결정이다.

방사성탄소연대 자체는 정확한 측정이 가능하지만, 우리를 곤란하게 하는 것은 방사성탄소연대와 고고자료와의 관계이다. 조몬·야요이시대 연구에서 상대연대의 기초는 토기 편년이기 때문에 토기를 비롯한 목제품도, 주거지도, 무덤의 시기도 모두 상대연대(토기 형식명이나 전기후반 등의 표현)로 나타낸다. 이 때문에 토기 형식마다 방사성탄소연대를 대입시키는 것이 중요한 작업이다.

예를 들어 기원 57년에 중국의 후한(後漢) 광무제(光武帝)가 나코쿠(奴国) 왕에게 하사한 금인(金印)은 매우 유명한 자료인데, 금인 자체는 토기와 함께 출토되지 않았기 때문에 정확한 상대연대를 알기 어렵다. 따라서 기원 57년이 야요이시대 후기초두에 속하는지 아닌지 논쟁의 대상이 되어 버리는 것이다.

벼농사(수전도작)의 개시연대가 크게 소급된 것도 토기 형식과 방사성탄소연대의 관계가 혼란스러웠던 것에 원인이 있다. 1960년대에 가장 오래된 야요이시대의 토기인 전기초두의 이타즈케 I 식(板付 I 式)과 함께 출토된 목탄이나 패각의 방사성탄소연대를 근거로 이타즈케 I 식 야요이토기의 연대가 정해졌다. 스기하라 소스케(杉原莊介)가 이타즈케(板付)유적의 목탄으로, 모리 사다지로(森貞次郎)·오카자키 타카시(岡崎敬)가 우키쿤덴(宇木汲田)유적의 목탄을 근거로 해서 야요이시대 개시연대를 추정했던 것인데, 현재 이타즈케유적 패각의 사례를 제외하고는 토기와 측정된 시료가 정확히 공반했다고 하는 사실은 인정되지 않는다(표 4-1).

토기의 정확한 방사성탄소연대를 알기 위한 방법으로서 등장한 것이 토기에 부착되어 있는 그을음이나 탄착물 등을 시료로 하여 직접 측정하는 방법이다.

[표 4-1] 과거의 측정치 (β선법)

출토지	^{14}C BP	토기형식	현재의 견해	비고
이타즈케 板付 / 木炭	2400±90	板付Ⅰ式	板付Ⅱa~Ⅱb式	스기하라 杉原 (B.C. 360)
이타즈케 板付 / 貝殼	2560±100	板付Ⅰ式	板付Ⅰ式	
우키쿤덴 宇木汲田 / 木炭	2370±50	유우스 夜臼(단순기)	조노코시 板付Ⅱc~城ノ越式	
우키쿤덴 宇木汲田 / 木炭	2240±50	板付Ⅰ式	스구 須玖Ⅰ式	모리 오카자키 森·岡崎 (B.C. 290)

전술하였듯 AMS법의 등장에 따라 토기부착탄화물의 측정이 가능해지게 되었다. 나고야대학의 이와모토 나오토(岩本直人)가 조몬토기(繩文土器)에 부착된 탄화물을 대상으로 하여 측정을 시작하였고, 국립역사민속박물관(이하, 역박)의 니시모토 토요히로(西本豊弘), 이마무라 미네오(今村峯雄) 등이 전처리(前處理)를 포함한 방법론을 확립하여 2001년부터 야요이토기(弥生土器)에 부착된 탄화물을 대상으로 한 측정을 시작했다.

토기부착탄화물을 이용할 경우에 주의하지 않으면 안 되는 것은 토기의 사용 연대와 탄화물의 동시성이다. 토기에 부착되어 있다는 점에서는 토기가 사용되었을 때 부착된 것으로 볼 수 있다. 그러나 방사성탄소연대가 나타내는 연대는 엄밀히 따지면 토기가 사용된 때를 말하는 것은 아니다. 즉, 그을음일 경우 연료로 사용된 나무가 죽었을 때이고, 탄착물이라면 쌀이나 생선, 동물이 죽은 연대를 나타낸다. 그러나 채집이나 수확에 의해 식물이 죽거나 수렵에 의해 동물이 죽었을 때와 토기가 사용된 시간은 그리 멀지 않은 시간이 아니라는 점이 중요하다.

수 십년, 수 백년 전에 벌채된 목재를 연료로 사용할 가능성은 낮고, 마찬가지로 수 십년, 수 백년 전에 수확한 쌀, 낚시나 사냥으로 획득한 생선이나 멧돼지를 식재로 사용하는 일은 없었을 것이라는 전제가 있다.

이러한 전제를 인정하지 않고 토기에 부착된 탄화물의 방사성탄소연대와 토기의 사용 연대는 일치하지 않는다고 하는 비판도 있다. 예를 들어 수령이 500년인 나무의 심재(心材)를 장작으로 사용하거나, 오래된 폐가의 나무를 연료로 사용하였을 가능성도 있지 않을까? 오래된 탄소를 흡입한 해양생물의 조리에 의한 탄착물이지 않을까?와 같은 비판이다. 전문적인 용어로 전자를 고목효과(古木效果)라 하고, 후자를 해양리저버효과라고 한다.

전자는 측정 수가 적은 단계에서는 부정할 수 없지만, 야요이시대 개시기의 측정 수가 100점을 넘은 현 상황에서는 기본적으로 없었다고 생각된다.

후자는 추가 설명이 필요하다. 대기중의 ^{14}C 농도보다도 ^{14}C 농도가 낮은 해양 중층수나 심층수에 생식하는 어류의 ^{14}C 농도는 낮기 때문에 이를 기원으로 하는 탄착물은 당연히 토기의 사용 연대보다도 수 백년 오래된 연대가 나올 가능성이 있다. 이를 해양리저버효과라고 한다. 한편, 지표면에서 깊이 150m 정도까지의 해양 표층수의 ^{14}C 농도는 대기중의 농도와 거의 같기 때문에 이러한 문제가 적다.

해양리저버효과의 영향이 미치고 있는지를 판단하기 위해서는 $\delta^{13}C$를 보면 된다[3]. 역박에서는 이러한 수치를 참고하면서 영향이 적다고 생각

---

3 ^{12}C에 대한 ^{13}C의 비율을 $\delta^{13}C$라고 한다. 이것은 대기중의 탄소가 해양의 식물 플랑크톤에도 침투하게 되는데, 그때 ^{13}C의 농도는 일반적인 육상 동물보다도 약간 높다. 따라서 $\delta^{13}C$의 수치가 −21‰보다 높으면 해양 생물 기원의 탄화물일 가능성이 높다고 생각된다. ‰(퍼밀리)라는 천분율 단위로 동위원소의 존재 비율을 나타내는 δ수치를 이렇게 표현한다.

되는 데이터를 명시하여 방사성탄소연대를 공개하고 있다.

2) 연륜연대법Dendrochronology

온대에 생식하고 있는 수목의 연륜을 사용한 연대측정법이다. 적절한 목재만 확보된다면 오차가 없이 1년 단위의 연대를 구할 수 있는 가장 정밀도 높은 방법이다.

온대의 수목에는 1년마다 1층씩 연륜이 만들어진다. 이 연륜을 현미경이 장착된 연륜판독기(그림 4-7)를 사용해 10㎛(1㎜의 100분의 1) 단위로 계측한다. 우선, 벌채한 연대를 알고 있는 현재의 연륜으로부터 시작해 과거를 향해 판독기로 계측해 가면서 역연(曆年)이 확정된 표준패턴을 작성한다. 이것을 「역연표준패턴」이라고 한다(그림 4-8).

일본에서는 노송나무가 현재부터 기원전 912년까지, 삼나무가 기원전

[그림 4-7] 연륜판독기
제공 : 정현민(전통건축수리기술진흥재단)

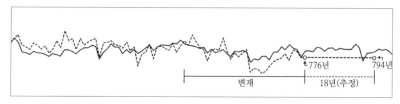

[그림 4-8] 노송나무의 역연표준패턴(실선)과 무로지(室生寺) 5층탑 부재의 연륜패턴(점선) 비교

출전 : 光谷拓実, 2001, 『年輪年代法と文化財』日本の美術421, 至文堂(p.60)

1313년까지, 금송이 기원 741년부터 기원 22년까지, 나한백이 기원 1990년부터 기원 924년까지(도중에 끊어지는 부분 있음) 표준패턴이 만들어져 있다(그림 4-9).

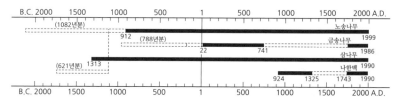

[그림 4-9] 수종별 역연표준패턴의 작성 현황

출전 : 光谷拓実, 2007, 「年輪年代法と歴史学研究」 『国立歴史民俗博物館研究報告』第137集(p.9)

유적 등에서 출토된 연대를 알지 못하는 목재의 연륜을 계측하여, 역연표준패턴과 조합해서 일치하는 확률이 높은 곳을 찾게 되면 연대 불명의 목재에 연대를 부여할 수 있게 된다. 만약 목재에 수피가 남아 있다고 한다면 벌채된 연대도 알 수 있다. 또한 수피에 가까운 변재(邊材)가 남아 있다면, 가장 외곽에 남은 연륜의 연대를 구해 그 바깥쪽으로 수년~수십년 더하게 되면 목재의 벌채연대를 추정할 수 있다.

연륜연대법은 고위도 지대에 생식하는 수목을 대상으로 유럽을 비롯한 세계 50여개 이상의 나라에서 사용되고 있으며, 고고학이나 건축사학을 중심으로 다양한 분야에서 없어서는 안 될 중요한 연대측정법이다.

야요이시대 전기나 중기의 연대가 더 올라갈 수 있다는 가능성이 처음으로 제시된 것도 연륜연대법에 의해서이다. 가장 유명한 조사 사례가 오사카부(大阪府) 이케가미소네(池上曽根)유적의 제전(祭殿) 건물에 사용된 기둥의 벌채연대이다.

제전의 시기는 거기에서 출토된 야요이토기가 당시의 편년으로 제IV양식(중기후반~말)에 속하기 때문에 기원 50~100년으로 추정되고 있었는데, 기둥으로 사용된 노송나무의 연륜연대를 조사한 결과, 기원전 52년에 벌채된 것으로 밝혀졌다. 이 기둥은 재사용의 흔적이 없기 때문에 적어도 제IV양식 야요이토기가 기원전 52년까지 올라가는 것을 의미한다. 이 야요이토기의 연대가 기존의 연대보다 100년 이상 올라간다는 것은 당시로서는 매우 충격적인 결과였다.

역박에서는 연륜연대와 방사성탄소연대의 정합성을 확인하기 위해 이케가미소네유적 제전에 사용된 같은 목재를 대상으로 하여 방사성탄소연대를 측정하였다. 그 결과 벌채된 보정연대가 기원전 1세기 전엽~중엽에 해당되는 것을 확인하였다.

이 외에도 제III양식이나 제I양식 야요이토기의 연륜연대가 기존의 연대관보다 200~100년 이상 올라가는 것으로 밝혀져, 벼농사(수전도작)의 개시가 500년 올라간다고 하는 연구성과는 정합성이 있는 것으로 밝혀졌다.

3) 산소동위원소비 연륜연대법Oxygen Isotope Dendrochronology

연륜의 셀룰로스(cellulose) 속에는 산소의 안정동위원소인 산소18(^{18}O)과 산소16(^{16}O)이 생성된 당시의 강수량이나 온도를 반영한 비율이

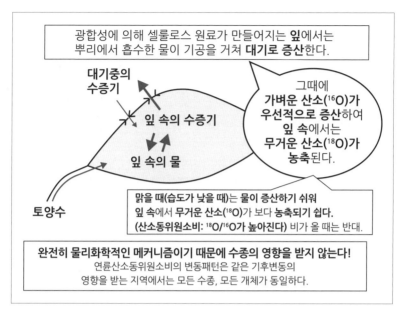

[그림 4-10] 산소동위원소비의 원리
제공 : 中塚武

고정되어 있다(그림 4-10). 이 비율의 패턴을 산소동위원소비의 경년(經年)변동패턴이라 하는데, 그것은 수종의 차이와 상관없이 수목끼리 높은 상관성을 가지고 있다.

　종래의 연륜연대법이 삼나무나 노송나무 등 일부 침엽수를 대상으로 분석되고, 100년 이상의 연륜이 필요한 것에 반해 산소동위원소비 연륜연대법은 50년 정도의 연륜만 남아 있다면 어떤 수종이든 상관없이 적용할 수 있다는 점이 큰 장점이다.

　연륜연대를 알고 있는 목재를 이용해서 복원한 2000년전부터 현재까지의 산소동위원소비 경년변동패턴이 종합지구환경학연구소의 나카쓰카 타케시(中塚武)를 중심으로 한 연구그룹에 의해 작성되어 있다(그림 4-11). 유적에서 출토된 목재의 산소동위원소비를 구하게 되면, 표준패턴

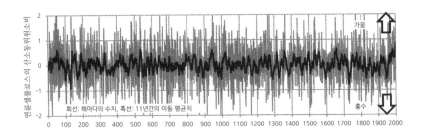

[그림 4-11] 과거 2천년 간의 여름 강수량 변동(1년 단위)
출전 : 中塚武, 2016, 「高分解能古気候データを用いた新しい歴史研究の可能性」『日本史研究』646(pp.3-18)

과 조합해서 연대를 구할 수 있게 되었다.

4. 고정밀 연대의 구축

이 절에서는 1990년대 이후 나고야대학과 역박에서 공동연구를 진행해 온 내용을 다루고자 하는데, 이 책에서 처음으로 다루는 테마이다.

1) 일본판 보정곡선

IntCal(인티칼)은 지구 북반구에서 세계 표준의 보정곡선으로서 사용되고 있는데, 여기에 사용된 로우 데이터는 고위도 지대에 생식하는 수목의 연륜을 대상으로 하고 있다. 따라서 2003년 야요이시대 개시연대가 500년이나 소급된다는 설이 발표된 당시부터 일본과 같은 중위도 지대에도 IntCal을 적용할 수 있는가라는 의문이 제기된 바 있다. 대기의 성분은 거의 3개월이면 넓은 지역으로 확산되기 때문에 대기중의 ^{14}C 농도가 기본적으로 북반구 내에서는 균일하다고 생각되고 있었으나, 최근 부분적으

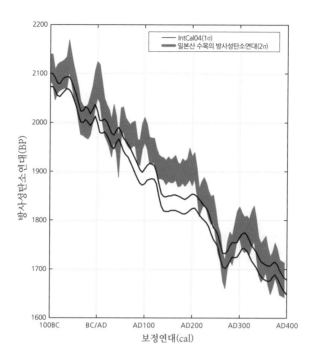

[그림 4-12] 보정곡선 IntCal04와 일본산 수목 방사성탄소연대의 괴리
작성 : 尾嵜大真

로 크게 차이가 나는 곳이 있다는 것을 알게 되었다(그림 4-12).

　그 대표적인 시기가 야요이시대 후기에서 고분의 출현기에 걸친 시기
인 기원 1~3세기이다. 이전부터 고분 개시기의 보정연대는 고고학자가 일
반적으로 생각하고 있는 연대보다도 100~150년 정도 이르게 보고되었기
때문에 고고학자 중에는 IntCal에 기초한 보정연대를 채용해서 고훈시대
(古墳時代)의 개시연대를 2세기까지 올려보는 연구도 있었다.

　그런데 역박이 연륜연대를 알고 있는 일본의 수목을 대상으로 하여 연
륜의 방사성탄소연대를 측정한 결과 기원 1~3세기의 연대는 IntCal보다
도 100~150년 늦다는 것을 알게 되었다. 이 일본판 보정곡선을 기초로 하

여 재검토한 결과, 일본에서 가장 오래된 정형화된 전방후원분(前方後円墳)인 하시하카(箸墓)가 기원후 240~260년 사이에 축조되었다는 것이 밝혀졌다.

현재 역박에서는 일본산 수목을 대상으로 하여 기원전 11세기까지 일본판 보정곡선을 구축하였다.

2) 토기 형식을 이용한 위글매치법Wiggle Matching

위글매치법이란 원래 연륜연대를 알지 못하는 목재를 대상으로 연대를 조사하는 방법이다. 연륜 5~10년마다 방사성탄소연대를 측정해서 그결과를 연결하면 요철이 있는 곡선이 만들어진다. 이 방사성탄소연대의 요철 모양을 보정곡선에서 가장 가까운 모양을 하고 있는 부분에 통계적으로 매칭시켜 연대를 구하는 방법이다.

이 방법을 토기 형식에 응용해서 토기 형식이 보정곡선 위의 어디에 오는지를 구하는 방법이 토기 형식을 이용한 위글매치법이다. 이마무라 미네오(今村峯雄)나 사카모토 미노루(坂本稔)가 조몬토기(縄文土器)를 대상으로 하여 시도한 것이 처음이었다.

이것을 후지오 신이치로(藤尾慎一郎)가 야요이토기에 응용하였다. [그림 4-13]은 규슈대학이 야요이시대 전기말, 중기초두, 중기전반, 중기중엽, 중기후반, 중기말에 해당하는 성인 전용 옹관에 매장된 인골의 방사성탄소연대를 7점 측정하여 생긴 요철을 이용해 위글매치법으로 보정곡선에 매칭시키면서 각 시기마다 옹관의 연대를 구한 사례이다.

해마다 한 층씩 늘어나는 연륜을 대상으로 하여 7점 측정했다면, 각각의 간폭이나 총 존속폭은 명확하겠지만, 사실 토기 형식의 경우는 알 수가 없다. 하지만 알 수 있는 것은 7개의 옹관 순서는 역전되지 않는다는 점이다. 이 사실이 모순되지 않도록 보정곡선 위에 7개의 옹관을 위치시켜 볼

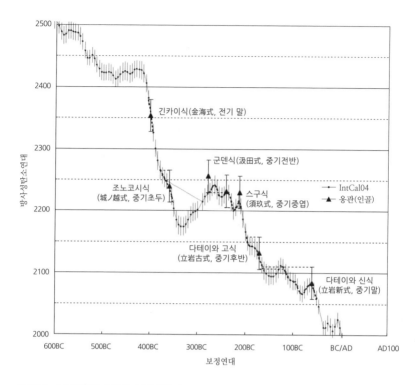

[그림 4-13] 옹관을 이용한 위글매치법
작성 : 藤尾慎一郎

수 있는 것이다.

　우선, 전기말과 중기말의 방사성탄소연대는 보정곡선의 급경사 부분과 만나기 때문에 위치시킬 수 있는 곳이 한정적이다. 이로써 가장 이른 시점과 가장 늦은 시점을 보정곡선 위에 정해 둘 수 있다.

　하지만 그 사이에 있는 5개 옹관의 방사성탄소연대는 보정곡선이 크게 하강하고 상승하는 모양이 반복되고 있는 곳과 만나기 때문에 위치시킬 수 있는 곳이 복수로 존재한다. 따라서 토기 형식의 시간 순서가 역전되지 않도록 위치를 정하는 수밖에 없다.

성인 옹관과 일상토기와의 병행관계는 고고학적으로 확정되어 있기 때문에 자동적으로 야요이시대 전기말에서 중기말까지의 일상토기가 보정곡선 위의 어디에 올지도 알 수 있게 된다.

이처럼 토기 형식을 이용한 위글매치법에 의해 야요이시대 전기말~중기말까지의 토기 형식이 보정곡선 위의 어디에 오는지 대체로 알 수 있게 되었다. 다음은 형식의 존속기간을 구하는 방법이다. 그것은 형식 간의 경계를 산출하는 작업에서부터 시작된다.

3) 형식 간 경계와 존속 폭의 산출

어느 한 토기 형식에 속하는 모든 방사성탄소연대치를 통계 처리하면, 그 형식의 확률밀도분포가 된다. 연속해서 선후관계에 있는 토기 형식의 방사성탄소연대치의 확률밀도분포는 서로 겹치게 된다[4]. 왜냐하면 새로운 토기 형식이 출현하더라도 직전의 토기 형식이 여전히 존속하고 있기 때문이다. 이 중복하는 부분에 연속적으로 선후관계에 있는 토기 형식과 토기 형식의 경계가 존재한다. 따라서 이 경계 부분을 통계적으로 산출할 수 있다면 형식 간 경계를 구할 수 있다. 즉, 어떤 형식의 가장 늦은 부분(쇠퇴기)과 후속하는 형식의 가장 이른 부분(출현기)을 통계적으로 특정할 수 있다면, 그곳이 형식 간 경계가 되며, 그 결과에 따라 토기 형식의 존속폭을 구하는 것도 가능해진다.

필자가 야요이시대 조기부터 중기초두까지의 형식 간 경계를 구해 본 결과, 형식마다 존속폭이 크게 다른 것을 알게 되었다(표 4-2). 가장 짧은

4　그래프 상에서 확률밀도가 낮은 양 가장자리 부분

30년의 존속폭을 가진 전기말(板付Ⅱc式)부터 가장 긴 170년의 존속폭을 가진 전기후반(板付Ⅱb式)까지 그 차이는 5배 이상이 되기도 하였다.

[표 4-2] 토기 형식마다의 방사성탄소연대와 존속폭

토기형식	^{14}C BP	개시 보정연대	존속폭
야마노테라 유우스 山の寺·夜臼Ⅰ式	2700대	B.C. 10세기 후반	약 100년
유우스 夜臼Ⅱa式	2600대	B.C. 840	60년
유우스 이타즈케 夜臼Ⅱb式·板付Ⅰ式	2500대	B.C. 780	80년
이타즈케 板付Ⅱa式	2400대	B.C. 700	150년
이타즈케 板付Ⅱb式	2400대	B.C. 550	170년
이타즈케 板付Ⅱc式	2300대	B.C. 380	30년
조노코시 城ノ越式	2300대	B.C. 350	50년

지금까지 일본고고학에서는 토기 형식의 존속폭이 모두 같다고 가정해서 연구가 진행되어 왔지만, 실제로는 불균등하며, 그렇게 되면 그 영향이 여러 부문에 미칠 수 있게 된다. 예를 들어 존속폭이 170년인 전기후반의 경우, 같은 토기 형식이 발견된 주거지라고 하더라도 동시에 존재했다고 할 수 없게 되기 때문에 취락이나 무덤의 구조, 그리고 인구 추정에 이르기까지 많은 문제가 새로이 발생하게 되었다.

V.
고고자료를 통한
공간분석

시타라 히로미

設楽博己

목표 & 포인트 사물(유물)의 확산에는 인간이 개재되어 있기 때문에 분포론에 의한 공간분석은 인간의 활동을 이해하기 위해 필수적이다. 이 장에서는 고고자료의 분포를 어떻게 파악해야 하는가에 대한 방법을 정리하고, 분포의 배경을 추적해 내는 연구를 몇 가지 소개하면서 분포의 의미에 대해 생각해 본다.

키워드 분포, 공간분석, 교환, 교역, 유통, 교류, 분포권, 문화권

1. 공간분석 방법

1) 마이크로micro 분석과 매크로macro 분석(미시분석과 거시분석)

고고자료는 일정한 범위 내에서 확산되는 분포를 가진다. 고고학의 기본 중 하나는 유적의 발굴조사를 통해 확인된 유구와 유물의 확산을 분석하는 것인데, 여기에는 이미 몇 가지 다른 내용과 수준이 있음을 알 수 있다. 즉 유적과 유구는 부동산(움직이지 않는 특성)이고, 유물은 동산(움직이는 특성)이다. 유적은 유구를 포함하는 넓은 개념이며, 나아가 유적의 범위 밖으로도 별도의 유적이 전개되고 있다. 이것은 넓고 좁은 여러 공간 속에서 다양한 인간활동이 전개되고 있음을 의미한다.

영국의 과정주의 고고학자 데이비드 클라크(David Clarke)는 서로 다른 수준의 공간에 전개되는 인간활동을 분석하기 위해 다음의 세 가지 방법을 제시했다. 즉, 유구 속에 존재하는 유물의 존재 양상을 분석하는 마이크로 분석, 유적 내에서의 유물과 유구의 분포를 분석하는 세미마이크로 분석, 그리고 유적과 유적의 관계를 분석하는 매크로 분석이다.

구체적으로 말하면, 마이크로 분석은 수혈주거지나 석기 제작장과 같은 시설 범위 내에서의 인간활동을 분석하는 것이고, 세미마이크로 분석은 묘지 내의 개별 무덤 간의 분포나 취락 내에서 수혈주거지가 어떠한 모습으로 확산되는지에 대한 분석이다. 또한 취락 내에서 몇 군데의 석기 제작장에서 따로 출토된 석기가 접합하는지에 대한 분석도 포함된다. 매크로 분석은 석기를 생산한 장소로부터 완성된 제품이 어떻게 분포되어 있는지, 어떻게 이동했는지에 대한 분석, 혹은 같은 거푸집으로 만들어진 동탁(銅鐸)이나 청동거울이 광범위한 영역 내에서 어떻게 분포하는지를 연구하는 것이며, 경우에 따라서는 분석의 범위를 해외까지 넓히기도 한다.

2) 발굴조사와 민족고고학에 의한 분석

분석되는 자료에 따라 그 분포 범위에 넓고 좁음이 있지만, 공통적으로 말할 수 있는 것은 분포론에 있어서 유물끼리, 혹은 유물·유구·유적의 상호관계 파악이 큰 의미를 가지고 있다는 점이다. 유적 속에서 이 관계성을 잘 파악할 수 있을지에 대한 여부는 발굴조사 방법에 달려 있다.

우선 원(原)위치론이라는 방법론을 소개한다. 원위치론은 유적이나 유구, 혹은 지층 안에서 당시 그대로의 상태로 유물이 있는 것을 말한다. 실제로는 갱신세의 토층으로 잘 알려진 쐐기층[1]은 교란된 경우가 자주 있으

---

1 원서에는 빙주(氷柱)토양으로 표현되어 있다. 즉 고드름 모양의 토양을 말하며 우리나라에서는 구석기시대의 토층에서 자주 확인되는 쐐기층을 말한다.

며, 식물 뿌리나 쥐 등에 의한 다양한 교란 때문에 유물은 2차적으로 이동하는 경우가 종종 있다. 따라서 유물이 묻힌 후 발견되기까지의 이력을 평가할 필요가 있다. 그것이 원위치에 있는지에 대한 여부를 판별하여 발굴조사 시에 바로 유물을 수거하지 않고 도면화하는 것이 분석의 첫걸음이 된다.

원위치론은 구석기시대 인류의 행동 등을 연구할 때 큰 효과를 발휘했

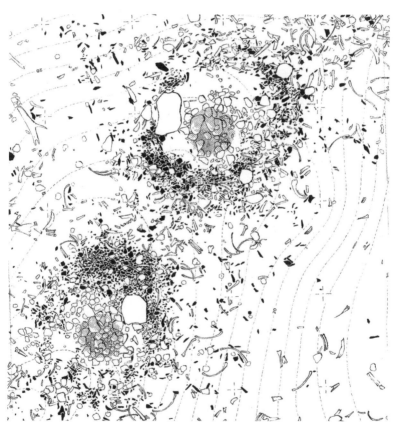

[그림 5-1] 프랑스 팽스방유적의 유구·유물 분포도
출전 : 阿子島香, 2009, 「遺跡内で遺物分布」 『考古学―その方法と現状』, 放送大学教育振興会(p.278)

다. 1960년대에 프랑스의 구석기시대 유적인 팽스방(Pincevent)유적에 대해서 르로이 구라한(André Leroi-Gourhan)을 중심으로 한 발굴조사를 통해 정확하고 상세한 유물의 분포도가 작성된 것이 중요한 시발점이라 할 수 있다. [그림 5-1]은 화로자리를 중심으로 해서 주위에 동물뼈가 산포되어 있는 상태를 면밀히 기록한 것으로, 어떤 미세한 유물이라도 빠짐없이 모두 위치 정보를 도면 위에 기록하였다. 구석기시대의 인류 행동을 추적하기 위한 실천이었던 것이다.

이러한 행동분석의 과정에서 민족지에 의한 사례도 유추의 기초가 되는 경우가 있다. 미국의 고고학자 루이스 빈포드(Lewis Binford)는 알래스카(Alaska)에 살았던 누나미우트족(Nunamiut) 에스키모의 화로를 중심으로 한 순록의 해체 작업에서 어떻게 동물뼈가 분포하는지를 세밀하게 분석하여 실제 유적에서 동물뼈 등의 분포로부터 인간활동을 복원하기 위한 단서로 삼았다(그림 5-2).

가고시마현(鹿児島県) 기리시마시(霧島市) 우에노하라(上野原)유적에서는 조몬시대 조기의 취락을 조사할 때 모든 유물을 도면에 떨어뜨리는 전점(全点) 도트(dot) 방식이 사용되었다. 발굴조

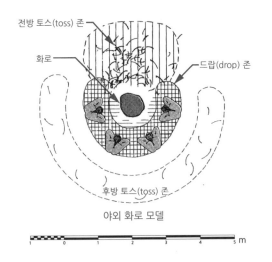

전방 토스(toss) 존
화로
드랍(drop) 존
후방 토스(toss) 존
야외 화로 모델

[그림 5-2] 알래스카 누나미우트족 에스키모의 화로를 중심으로 한 생활의 재현
© Lewis Binford / UNIPHOTO PRESS

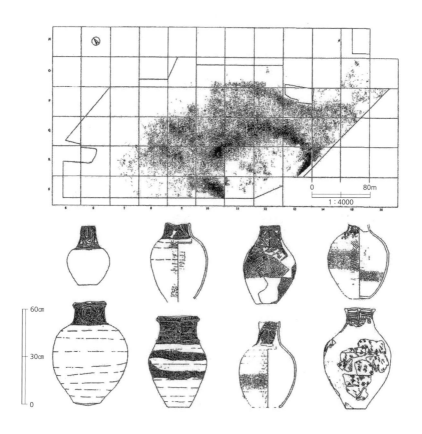

[그림 5-3] 가고시마현 기리시마시 우에노하라유적의 환상을 이루는 유물의 출토 상황
출전 : 上野原遺跡(第10地点),『鹿児島県立埋蔵文化財センター発掘調査報告書』(28)

사 후 연구실에서 그 도면을 연결해서 합쳐 본 결과, 발굴조사 시에는 알
수 없었던 장축 약 300m에 달하는 둥근 고리 모양의 유물분포역이 나타
났고, 한 가운데 공간에 특수한 호형(壺形)토기를 묻은 곳이 집중한다는 것
도 알 수 있게 되었다(그림 5-3). 간토(関東)지방의 조몬시대 중기의 환상
취락을 방불케 하는 마을이 조몬시대 조기에 이미 제사적인 행위와 함께
존재하고 있었던 사실을 알게 된 것도 원위치론의 성과라고 할 수 있다.

3) 자연과학적 분석

비슷하거나 같은 고고유물이 한참을 멀리 떨어진 곳에서 발견되는 사례가 있다. 이 중에는 유물이 한 곳에서 운반된 것으로 추정되는 사례도 종종 있다. 이러한 경우 양쪽의 유물이나 장소가 어떠한 식으로든 서로 관계가 있다는 것을 의미하는데, 우리는 그 관계성에 대해서 도대체 어떻게 인식해야 하는 것일까? 매크로 분석의 몇 가지 방법을 들어보기로 한다.

조문시대 만기 아오모리현(青森県)을 중심으로 한 도호쿠(東北)지방 일대에는 가메가오카식(亀ヶ岡式)토기가 널리 퍼져 있었다. 그런데 그것과 완전히 똑같은 문양을 가진 토기가 후쿠오카시(福岡市) 사사이(雀居)유적에서 출토되었다. 대략 2,000㎞나 떨어진 땅까지 일부러 운반되어 온 것으로 생각된다.

이처럼 재래의 토기에 대하여 외래, 혹은 외래계 토기를 식별하고, 외래의 고향을 형식학적 분석으로 특정하는 작업을 통해 비로소 그 유래가 밝혀지게 된다. 그때 외래계 토기는 이른바 「비현지성(非現地性)」 물질이라고도 말할 수 있을 것이다.

토기의 이동을 식별하기 위해 외래계 토기라는 개념을 소개했지만, 외래계라고 하더라도 가지고 들어 온 것인지, 현지에서 모방하여 만든 것인지를 식별하기란 실제로 그리 쉽지 않다. 그래서 그 식별에 이용되는 방법이 태토분석이다. 토기는 암석이 풍화되어 생긴 점토로 이루어져 있다. 암석의 구성은 지역마다 다르기 때문에 토기의 태토가 어떠한 원소의 성분에 의해 이루어져 있는지를 조사하여 다른 것과 비교하면 그 토기가 현지에서 만들어졌는지 운반되어 온 것인지 판별할 수 있는 경우가 있다.

토기의 점토 성분을 분석하는 방법 중 하나가 형광X선분석이다. 형광X선분석법은 영국의 물리학자 헨리 모즐리(Henry Gwyn Jeffreys Moseley)에 의해 개발되었다. 분석하고자 하는 시료에 X선을 조사(照射)

시키게 되면 시료 속에 포함된 원소가 각각 특유의 형광X선을 방사(放射)하게 된다. 이때 나타나는 형광X선의 파장과 세기를 측정하여 포함되어 있는 원소의 양을 재는 것이다.

와카야마시(和歌山市) 주변에서는 고훈시대(古墳時代)에 한반도계의 도질토기(陶質土器)[2]가 출토된 사실이 일찍부터 알려져 있었는데, 형광X선 분석을 이용하여 각 유적에서 출토된 스에키(須恵器)[3]와 도질토기가 분석되었다. 그 결과 형태나 기술적 측면을 통해 이전부터 한반도계로 여겨졌던 토기들은 형광X선분석 결과에서도 한반도산으로 나타났으며, 나머지는 가와치(河内)[4]지방의 스에무라(陶邑)[5]가마에서 생산되어 이동된 것으로 밝혀졌다. 와카야마시 일대의 호족들이 가와치에 중심을 둔 야마토(大和)정권과 깊은 관계를 맺고 있었던 한편, 고대 한반도와도 통했던 것으로 판명되었기 때문에 토기의 태토분석이 유효하다는 점을 말해준다.

흑요석은 화산의 분화로 분출된 유문암질 마그마가 급속히 냉각되면서 생긴 화산암이다. 흑요석의 원산지는 일본열도 내에서만 70개소 이상으로 알려져 있는데, 나가노현(長野県) 기리가미네(霧ヶ峰) 화산 주변의 흑요석은 질이 좋아 도호쿠(東北)지방 북부까지도 넓게 유통되었다. 또한, 비

---

2 삼국시대 가야·신라토기. 오름식 가마에서 1200℃ 이상의 고온으로 구워진 회청색 경질토기.
3 고훈시대(古墳時代)부터 헤이안시대(平安時代)에 걸쳐 일본에서 생산된 도질토기. 동시기에 만들어진 하지키(土師器) 토기와 색상 및 질에서 확연히 구별된다.
4 일본의 고대 지방행정 구분인 율령제에 기초한 나라의 하나로 옛 이름이다. 현재의 오사카부 남동부에 해당한다.
5 오사카부(大阪府) 남부에 분포하는 고훈시대부터 헤이안시대에 걸쳐 운영된 스에키 가마가 밀집되어 있는 유적. 고대 일본의 3대 가마 중 하나에 속하는 유적으로 여기에서 출토된 스에키 토기의 편년은 고훈시대의 중요한 상대연대 축으로 작용하고 있다.

취는 니가타현(新潟県) 히메카와(姫川) 유역의 것이 질이 좋아 홋카이도까지 운반되었다. 흑요석이나 비취의 원산지는 형광X선분석에 의해 밝혀지는 것이 일반적이다. 흑요석이나 비취에 대해 산지 별로 그 원소량을 측정해 두고, 실제 분석하고자 하는 대상 시료의 원소량과 비교하여 특정해 나간다.

청동기는 구리, 주석, 납을 주성분으로 한 합금이다. 이 중 납은 산지에 따라 동위원소 값이 매우 다르다. 이 원리를 이용하여 질량 분석 장치를 통해 시료에 포함된 납의 동위원소비를 측정하여 납광상의 지역을 특정하는 연구도 진행되고 있다(제VIII장 [그림 8-9] 참조).

이 방법으로 청동거울과 동탁(銅鐸)을 분석한 결과, 편년 연구를 통해 4단계로 나누어진 동탁 중 제1·2단계 전반에는 한반도계의 납을 원료로 이용했고, 제2단계 후반과 제3단계에는 중국 전한(前漢)대의 거울인 전한경(前漢鏡)의 납동위원소가 분포하는 영역과 일치하는 중국 화북계의 납이었다. 또한 제4단계는 그중에서도 가장 획일적인 영역에 속함을 알 수 있게 되었고, 여기에 더해 고훈시대(古墳時代)의 거울은 중국에서도 화중·화남의 납이 이용되었다는 결과가 나왔다. 이를 통해 일본열도에서 생산된 청동기의 원료는 시대에 따라 입수처가 변화하고 있음이 밝혀졌다.

2. 분포의 배경

1) 토기의 이동과 그 배경

지금까지 고고자료의 공간분석 방법을 소개하였다. 다음으로 문제가 되는 것은 그렇게 해서 판명된 물질의 공간적인 양상이 도대체 무엇을 의미하는가에 대한 것이다. 사물의 이동에는 일상적인 생활의 결과 외에도 그것을 초월한 인간 활동을 생각해 볼 수 있다.

토기의 이동 하나를 다루더라도 다양한 이동 형태와 그 요인을 생각할 수 있다. 쓰데 히로시(都出比呂志)의 정리에 의하면 토기의 이동은 다음과 같이 크게 A~C형으로 나누어진다.

A형 : 호(壺) 등의 토기가 아주 조금 서로 왕래하는 타입

B형 : 호(壺)뿐만 아니라 옹(甕)이나 고배 등 많은 기종이 토기 이외의 물건과 함께 이동하는 타입

C형 : 특정한 옹(甕) 등의 토기가 일방적으로 다른 지역에 이동하는 타입

A형은 호(壺) 등의 토기 안에 귀중한 물건을 넣어 운반했을 가능성이 있다. 또, 여성이 혼인 시에 출신지로부터 가져온 것일지도 모른다.

B형의 생활용구 일식이 움직이는 경우에는 가족, 혹은 집단의 이동이나 이주를 생각할 수 있을 것이다. 야요이시대(弥生時代) 전기말~중기초의 후쿠오카현(福岡県) 지쿠고가와(筑後川) 하류나 아사쿠라(朝倉) 분지, 사가현(佐賀県)의 세후리(脊振) 산맥 남쪽 기슭 등지에서는 한반도의 도래계 토기가 다량으로 출토되는 유적이 있다. 후쿠오카현 모로오카(諸岡)유적이나 사가현 하부(土生)유적 등이 그 대표적인 사례인데, 모로오카유적의 토기는 한반도의 토기와 구별할 수 없다. 이 시기는 청동기나 철기가 본격적으로 유입되는 시기이며, 어떤 원인으로 인해 한반도로부터 일본열도로 도래인 집단의 이주가 있었을 것이다.

C형은 토기 자체가 교역품이 되어 움직여졌을 가능성이 있다. 예를 들어 야요이시대 종말기 서일본에는 취사용 토기로 사용된 두께가 얇고 열효율이 좋은 옹(甕)이 성행하였는데, 특히 가와치(河内)지방[6]을 중심으로

분포하는 뛰어난 품질의 쇼나이식(庄內式)토기라는 옹이 대표적이다. 이 옹은 서쪽으로는 규슈(九州), 동쪽으로는 간토(関東)지방에 이르기까지 광범위하게 분포하고 있다. 이러한 현상에 대해 쇼나이옹의 상품적 가치를 인정해야 한다는 의견도 있다.

2) 교환과 교역의 고고학

물건의 이동에 대해 생각할 때 고고학이라는 학문에서 항상 문제가 되는 것이 매크로(macro) 분석과 관련된 광역적 이동 현상일 것이다. 이러한 이동 현상에 대해 「교류」나 「유통」이라는 단어로 표현하는 경우가 많다. 하지만 그렇다고 해서 사회문제를 포함한 배경이 설명되는 것은 아니다. 예를 들어 「교환」이나 「교역」이라는 목적을 포함한 용어로 설명해 나갈 필요가 있다.

이때 영국의 고고학자 콜린 렌프류(Colin Renfrew)가 미국의 경제학자 칼 폴라니(Karl Polanyi)의 경제발전단계설을 적용시켜 교환이라는 경제활동에 대해 고고학적으로 분석한 연구성과는 반드시 주목해야 한다(그림 5-4). 이에 따르면 교환의 경제 형태로는 '①호혜경제, ②재분배경제, ③시장경제'의 세가지가 있고, 사회인류학에 의한 사회의 진화 모델인 'A) 부족사회, B) 수장제사회, C) 국가'라는 발전단계에 대응되는 경우가 많다고 하였다.

[그림 5-5]는 콜린 렌프류가 조사한 서아시아 신석기시대 흑요석의 분

---

6 일본의 고대 지방행정 구분에 의한 나라 이름인 가와치노쿠니(河内国)가 있었던 곳. 현재의 오사카부(大阪府) 남동부 주변.

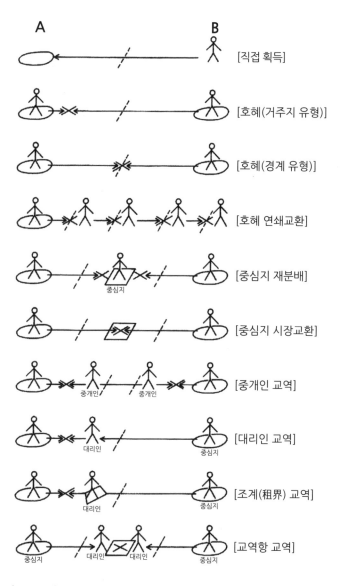

[그림 5-4] 콜린 렌프류에 의한 교환의 진화 모델
©Colin Renfrew / UNIPHOTO PRESS

포 경향이다. 아나톨리아(Anatolia)산과 아르메니아(Armenia)산 흑요석 제 석기가 각각의 원산지로부터 1,000㎞나 떨어진 곳까지 분포하고 있다. 이 범위 내에서 유적이 분포하는 경향은 흑요석의 사용 빈도가 직선적으로 감소하는 것이 특징적이다. 또한 중간 착취와 같은 현상은 보이지 않기 때문에 호혜적인 연쇄 교환이 이루어졌던 것으로 추정된다.

조몬시대와 야요이시대의 석기나 청동기를 토대로 그 관계성에 대해 알아보도록 한다.

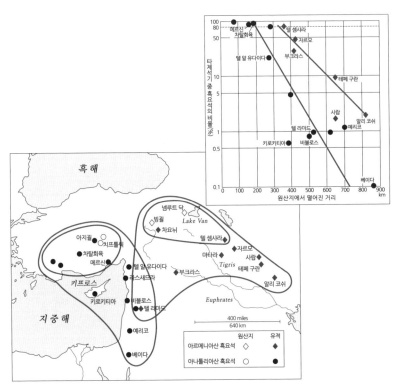

[그림 5-5] 서아시아에서의 흑요석 교역
©Colin Renfrew / UNIPHOTO PRESS (역자 개변)

나가노현(長野県) 기리가미네(霧ヶ峰) 화산 주변의 흑요석은 질이 좋아 조몬시대에 광역적으로 유통되었던 것이 형광X선분석으로 밝혀진 바 있다. 그런데 그 유통의 양상은 긴 시간 동안 항상 같지는 않았다. 군마현(群馬県)에 분포하는 흑요석제 석기의 소재가 출토된 유적에서 그 출토량으로 보면, 조몬시대 전기전반에는 자가 소비 정도의 유통이었다고 할 수 있다. 그러나 전기후반이 되면 군마현 안나카시(安中市) 나카노야마츠바라(中野谷松原)유적과 같이 흑요석 원석뿐만 아니라 장신구 등 원격지에서 가져온 비현지성 물자가 다양하게 집적되는 특징이 있다. 즉, 조몬시대 전기후반부터 중기로 갈수록 거점취락의 거점성은 규모뿐만 아니라 물류 경로상의 거점적 성격을 띠게 된다는 점에 그 특징이 있다.

후쿠오카시(福岡市) 이마야마(今山)유적은 현무암이라는 단단한 암석으로 이루어진 산에 위치하는데, 야요이시대 전기말에 속하는 시기의 유적이다. 주로 태형합인석부(太形蛤刃石斧)[7]라고 하는 벌채용의 무거운 마제석부를 제작했던 취락이다. 후쿠오카현 이즈카시(飯塚市) 다테이와(立岩)유적 부근의 산에서는 휘록응회암이라는 얇게 벗겨지는 석재를 얻을 수 있었기 때문에 벼이삭을 따기 위해 손에 쥐고 사용하는 얇은 돌칼이 야요이시대 중기에 전문적으로 생산되었다.

이마야마유적의 태형합인석부와 다테이와유적의 수확용 돌칼의 유통 범위는 매우 넓은 편이다. 이마야마에서 생산된 석부는 약 100㎞ 떨어진 구마모토현(熊本県) 우토(宇土)반도까지, 다테이와에서 생산된 돌칼은 약

---

7 마제석부의 일종으로 날 부분이 입을 닫고 있는 대합조개와 닮아 붙여진 이름이다. 단면이 타원형을 띠며 중량이 있는 석기로, 목공구로 사용된 것으로 생각되고 있다.

60㎞ 떨어진 사가(佐賀)평야나 오이타현(大分県)까지 유통되었다(그림 5-6). 다만 조몬시대에도 도야마현(富山県)에서 만들어진 마제석부가 100㎞ 떨어진 곳까지 유통된 사례가 있으므로 먼 유통거리가 야요이시대만의 두드러진 특질이라고 할 수는 없다. 그렇다면 야요이시대의 석기 생산과 유통이 조몬시대의 그것과 다른 점은 무엇일까?

다테이와(立岩)유적에서는 중국에서 들어 온 거울이 6점이나 부장된

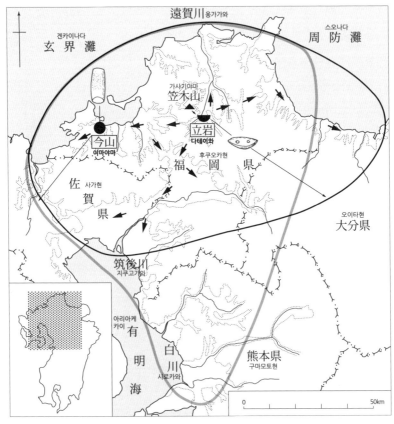

[그림 5-6] 후쿠오카현 이마야마유적과 다테이와유적에서 생산된 석기의 분포 범위
출전 : 下條信行 編, 1989,『弥生農村の誕生』, 古代史復元4, 講談社(p.121)

옹관묘(甕棺墓)가 존재하고, 이마야마유적의 인근 남쪽에도 중국 거울을 30점이나 부장한 미쿠모미나미쇼지(三雲南小路)유적이 있다. 이러한 양상은 물자의 생산과 유통이 그로 인해 이득을 본 개인의 출현과 강하게 연결되어 있었다는 점을 말해준다.

이상에서 살펴보았듯이 조몬시대 전기후반의 흑요석 유통에 중계지점이 형성되어 가는 것은 렌프류 모델의 호혜적 연쇄교환에 상당한다고 봐도 무방하다. 한편, 야요이시대 전기후반에서 중기에는 중심지 재분배 기구가 형성되어 있었을 가능성이 있다. 조몬시대에도 이미 전기에 물류의 거점은 존재하고 있었지만, 조몬시대와 야요이시대의 석기 생산과 유통을 비교했을 경우, 그 차이로 지적할 수 있는 점은 조몬시대의 경우에는 재분배 기구의 중심을 이루는 수장의 존재가 명확하지 않다는 점이다. 반면, 야요이시대에는 복잡한 공정에 의한 합리적인 전업 생산 체제를 통해 규격적인 브랜드 물품을 다수 만들어 공급하는 점이 특징이라 할 수 있다. 즉, 부가가치의 창조가 특출난 개인의 이익으로 이어지게 되었다.

3) 교역과 수장의 역할

조몬시대와 야요이시대의 유통이나 교역에서 또 다른 중요한 차이라고 한다면, 야요이시대에는 한반도나 중국 등 대륙에 이르는 대외 교섭이 개시되었다는 점에 있다.

『한서(漢書)』 지리지에는 기원전 108년에 지금의 평양 부근에 중국 한나라 무제가 낙랑군(樂浪郡)을 설치하자 왜(倭)는 그곳에 사신을 보내게 되었다고 기록되어 있다. 그러한 움직임을 반영하듯 미쿠모미나미쇼지(三雲南小路)유적 등 북부큐슈의 세력권에는 다량의 전한(前漢) 거울을 부장한 왕묘로 간주할 수 있는 유적이 출현한다.

청동거울과 같이 희소가치가 높은 눈에 띄고 화려한 물품을 원격지에서 가져오기 위해서는 조직적인 교역의 정비가 필수적이다. 그러한 보물이 수장 개인의 무덤에 부장되어 있는 것으로 보아 수장이 원거리 교역을 관리하고 정비하는 데 깊은 관련이 있었던 것으로 볼 수 있다. 반대로 말하면 원거리 교역을 통해 다른 세계로부터 뛰어난 물품을 가져올 의무가 수장에게 지워져 있었으며, 이를 달성함으로써 수장의 권위가 높아지고, 그것이 무덤에 반영된 것으로 생각된다.

원거리 교역이나 교류를 통해 수장에게 모여든 희귀품들이 그 후 어떻게 되는지를 쫓아 보면서 검증해 보자. 규슈의 옹관묘에 부장된 거울과 유

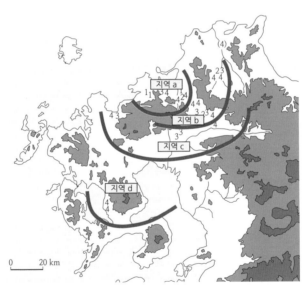

[그림 5-7] 야요이시대 중기후반에 보이는 옹관묘의 랭크 분포
a는 대형품을 포함한 30매 이상의 거울이나 유리구슬을 부장한 무덤이 존재하는 범위, b는 여러 매, c는 1매의 거울이 부장되는 무덤의 분포 범위. 동심원상으로 랭크가 낮아진다.
출전 : 中村聡, 2005, 「九州弥生文化の展開と交流」『稲作伝来』, 岩波書店(p.68)

리제품의 수량과 크기를 조사한 연구가 있다. 이에 따르면 후쿠오카현 가스가시(春日市) 스구오카모토(須玖岡本)유적이나 미쿠모미나미쇼지(三雲南小路)유적을 중심으로 동심원을 그리듯이 주변지역으로 갈수록 분묘 부장품의 질과 양이 저하되어 가는 경향이 나타난다. 중심의 큰 수장 밑에 모여진 물자가 주변의 지역 수장에게 재분배된 것으로 볼 수 있다(그림 5-7).

야요이시대 중기 이후 대외교류가 활발히 이루어지면서 유통의 정비와 재분배경제를 컨트롤하고 있던 수장의 권위가 올라가게 되고, 대외교류의 발전과 함께 이윽고 전방후원분(前方後円墳)과 그 부장품에서 나타나듯이 국가 규모의 교류로 나아갔다. 이러한 고고학적 현상에서 볼 수 있는 유통경제와 사회적 레벨의 관계성에 대해 전술한 렌프류의 모델을 적용해 볼 수 있을 것이다.

3. 분포권과 문화권

1) 분포도에서는 무엇을 읽어 낼 수 있는가

특히 매크로(macro) 분석을 전개하기 위한 분포론에 있어서 분포도는 빼놓을 수 없다. 분포도 만들기의 기초는 지명표를 작성하는 것이다. 그 항목은 대상에 따라 다양하겠지만 형식명·출토유적명·출토유구명·유적의 연대·유구의 연대·출토상황 등이 필수 항목이다.

이 지명표에 기초하여 분포도가 제작된다. 분포도를 만드는 방법은 다양하지만 어떤 분포를 나타내고 싶은지, 분포를 통해 무엇을 말하고 싶은지에 따라 작성 방법이 좌우된다.

[그림 5-8]은 규슈지방을 포함한 동아시아의 돌칼 분포를 나타낸 도면이다. 이 도면은 수 천년의 긴 시간 동안 돌칼이 어떤 분포를 보이는지 누

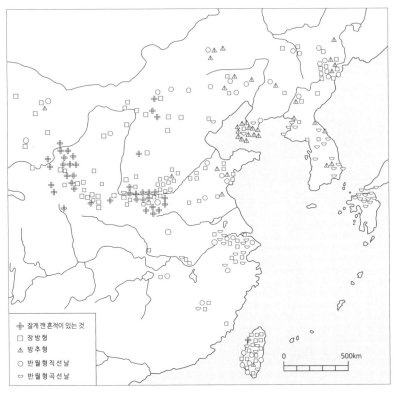

[그림 5-8] 돌칼 분포도

출전 : 石毛直道, 1968, 「日本稲作の系譜─石包丁について─」 『史林』 51-6, 史学研究会
(pp.96~127)

적된 결과를 하나의 도면으로 나타낸 것으로, 돌칼이라는 석기에는 다양
한 형식이 있고, 그것이 어떠한 지리적 확산을 갖는지 살펴보기에 유익하
다. 그러나 특정한 시대나 시기와 시간적으로 병행하는 분포에 대해서는
알 수 없고, 특정한 곳으로의 전파를 논하기에는 부적합하다.

　[그림 5-9]은 중국 한나라 때에 제작되어 일본열도로 유입된 청동거울
의 분포를 시기별로 나누어 4장의 도면으로 작성한 것이다. 이 도면을 통
해서는 당초 중국과 가장 가까운 북부큐슈에 분포의 중심이 있었으나

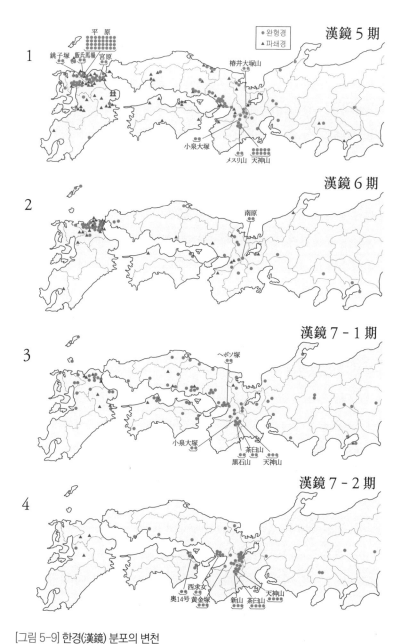

[그림 5-9] 한경(漢鏡) 분포의 변천

출전 : 岡村秀典, 1999, 『三角縁神獣鏡の時代』, 吉川弘文館(pp.130~131)

(1·2), 2세기 후반(漢鏡 7-1期)의 거울은 북부큐슈지방과 긴키(近畿)지방의 차이가 별로 없어지고(3), 3세기(漢鏡 7-2期)가 되면 거울의 분포가 긴키지방으로 중심이 이동하는 동향(4)이 잘 드러난다. 분포도를 작성한 제작자 속내에는 일본열도의 제(諸) 세력과 중국과의 관계, 중국의 정치정세 변화에 따른 거울 분포의 변동을 밝혀내려는 의도가 있다. 분포도는 전하고 싶은 것을 잘 표현하는 매개체이다.

분포도를 제작하여 그 확산의 범위를 지도상에 표시해 보면 여러 가지를 깨닫게 된다. 두 개의 큰 분포권이 설정되어 그 중간에 공백이 생긴 경우에는 두 분포권의 관계에 대해서는 물론이고 공백이 어떤 의미가 있는지를 생각해 볼 필요가 있다. 분포의 공백에 대해 생각할 때 본래는 존재하고 있었는데 분포도 상에서는 표시되지 않은 경우도 있기 때문에 그 상태를 무조건 믿어서는 안 된다. 없는 것에 기초한 분포론은 후에 출토될 경우 하룻밤 사이에 논거가 무너질 수 있는 내일도 모르는 수법이라는 점에 항상 주의를 기해야 한다.

1980년 이후 경관고고학(Landscape Archaeology)이 성행하게 된다. 경관고고학은 과정고고학(Processual Archaeology)을 주도한 빈포드(Binford)와 렌프류(Renfrew), 클라크(Clark) 등에 의해 자리를 잡았다고 볼 수 있는데, 후기과정고고학(Post-Processual Archaeology)을 주도한 이안 호더(Ian Hodder)도 공간분석을 중시했다. 그 이유는 이 학파들이 환경에 대한 작용 등 인간의 행동분석에 고고학의 초점을 맞추어 왔기 때문이다. 경관고고학의 전개는 공간적 위치 정보 시스템인 GIS의 발달과 연결되어 있으며, 이제 GIS는 고고학에서 공간분석을 할 때 다양하게 활용되고 있다.

GIS 소프트웨어를 이용하면 유적의 분포 밀도와 같은 도면도 금세 화상으로 나타낼 수 있고, 유적의 위도와 경도 좌표 및 표고를 조합한 3차원

데이터를 지형도에 떨어뜨려 유적이나 유적군끼리의 가시영역을 지도상
에 표시하면서 분석할 수 있다. 이러한 방법으로 분석하면 야요이시대 고
지성(高地性) 취락의 방어기능 등에 대한 연구에도 진전이 있을 것이다.

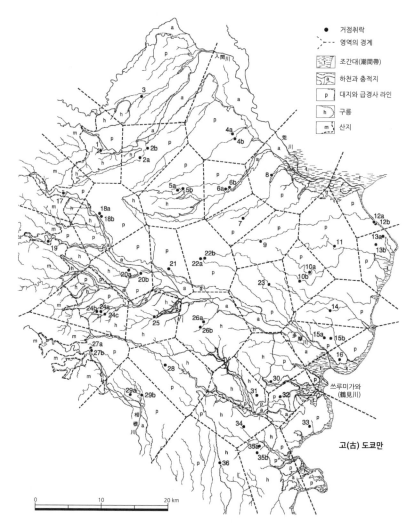

● 거점취락
┄┄ 영역의 경계
조간대(潮間帶)
하천과 충적지
p 대지와 급경사 라인
h 구릉
m 산지

[그림 5-10] 티센 다각형에 의한 미나미칸토(南関東)지방의 조몬시대 중기 취락의 영역 설정
출전 : 谷口康造, 2005, 『環状集落と縄文社会構造』, 学生社(p.199)

지형도에 나타낸 유적의 분포나 유적 간의 관계에 어떤 의미가 있는지를 분석하기 위해 티센 다각형(Thiessen polygon)이라고 하는 지리학에서 사용하는 방법이 활용되기도 한다. 이 방법은 지리학에서 이용되는 보로노이(voronoi) 분할 등으로 불리는 분포영역의 범위를 이론적으로 구하는 방법이다. 보로노이점([그림 5-10]의 경우에는 거점취락)은 보로노이 경계선으로부터 등거리에 위치하고 있으며, 이렇게 그어진 경계선으로 된 도형의 형상을 통해 보로노이점(거점취락)이 등거리에 있는 취락 간의 구조를 명료하게 해 준다. 영역의 규모나 분포의 경향을 해석하는 데 효과적인 수단으로 여겨진다(그림 5-10).

2) 분포권과 문화권

야요이시대의 청동기에 의해 문화권이 설정된 적이 있다.

[그림 5-11]은 재야의 고고학자 하라다 다이로쿠(原田大六)가 작성한 고전적인 분포도인데, 1954년에 발표한 동탁(銅鐸)·동모(銅矛)·동검(銅劍)의 분포도이다. 동탁·동모·동검은 제2차 세계대전 이전부터 주목받았던 유물이며, 동탁은 그 분포가 긴키(近畿)지방을 중심으로 주고쿠(中国)·시코쿠(四国)지방과 미카와(三河)[8]지방에까지 이른다. 이에 반해 동모와 동검의 분포는 북부큐슈지방을 중심으로 하여 시코쿠지방에서 긴키지방까지에 이른다. 철학자였던 와쓰지 테쓰로(和辻哲郞)는 이 두 분포권을 동탁문화권, 동모·동검문화권으로 구분하고, 야요이시대에는 동탁과 동모·동

---

8 일본의 고대 지방행정 구분인 율령제에 기초한 나라의 하나로 옛 이름이다. 현재의 아이치현(愛知県) 동부에 해당한다.

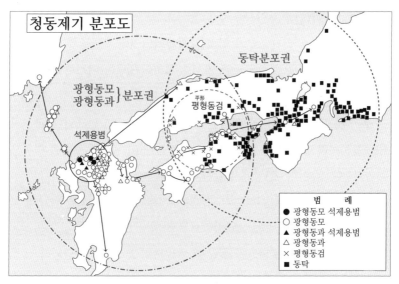

[그림 5-11] 하라다 다이로쿠에 의한 청동제기의 분포도
출전 : 原田大六, 1975, 『日本古墳文化』, 三一書房

검을 상징으로 하는 2대 문화권이 대립하고 있었던 것으로 파악하였다. 그 후 '검(劍)·경(鏡)·옥(玉)'이라는 3대 기물로 상징이 통일되면서 고대국가가 형성되어 간다는 스토리를 그리게 된 것이다. 하라다 다이로쿠는 고바야시 유키오(小林行雄)의 도면을 바탕으로 와쓰지 테쓰로의 구상을 접목해 도면을 그려 내었다(그림 5-11).

한편 북부큐슈에서도 동탁이나 동탁의 거푸집이 발견됨에 따라 2대 문화권설에는 큰 문제점이 있음이 지적되기 시작했다. 그러나 야요이시대의 청동기를 대표하는 유물로서 동탁과 동모만으로 압축해서 다른 시간대의 양상으로 살펴보면 다른 해석을 할 수 있게 된다. 예를 들어 청동거울을 시기구분의 기준으로 하여 시기별 분포도를 작성해 보면, 마지막 2~3세기에 긴키지방과 도카이(東海)지방을 중심으로 한 동탁과 북부큐슈지방을 중심으로 한 동모의 2대 분포권은 와쓰지 테쓰로가 그린 것보다 더욱 선명하게 대립적인 분포양상을 보인다.

그렇다면 와쓰지 테쓰로가 말하는 청동기의 2대 문화권을 그대로 인정해도 되는 것일까? 여기에는 두 가지 문제점이 있음을 지적해 둘 필요가 있다.

우선 분포권을 문화권으로 치환할 수 있는가에 대한 문제이다. 고고학적으로 문화라고 하는 경우, 문화를 구성하는 여러 요소의 조합을 기본으로 한다는 것은 이미 제3장에서 말한 바 있다.

따라서 북부큐슈지방과 긴키지방의 2~3세기 문화 요소를 비교해 보면, 양 지방 모두에서 벼농사를 기반으로 하여 야요이토기와 금속기(청동기와 철기)를 사용하는 환호를 돌린 거점적인 취락이 많이 확인된다. 또한 수혈주거지를 주체로 하여 굴립주(掘立柱) 건물과 같은 특수한 건물이나 고상창고(高床倉庫)를 건설하는 등 공통점이 많다. 분명 토기의 양상은 다르지만 그것은 지역차로 설명될 수 있다. 사하라 마코토(佐原真)는 이러한 사실을 근거로 하여 다음과 같이 문제를 제기한 바 있다. 예를 들어 동탁의 분포 범위로만 한정해서 살펴보면, 동탁 이외에 공통적인 유물과 유구가 분포한다는 사실은 없기 때문에 동탁문화권, 동모·동검문화권은 모두 존재하지 않으며, 동탁분포권, 동모·동검분포권이라 해야 한다고 비판하였다.

3) 문화권설 비판과 코시나Kossinna의 고고학

또 하나의 문제는 설정된 문화권을 야마토 정권의 모체 집단으로 간주하여 정치적 세력권을 상정하고, 두 개의 「문화권」이 통합된 배경으로 신무동정(神武東征)[9]이라고 하는 신화에 동조(同調)시킨 점이다.

문화인류학에서 문화권이라고 하면 독일·오스트리아 빈학파의 문화권설이 잘 알려져 있다. 문화권설은 19세기 독일의 민족학자 레오 프로베

니우스(Leo Viktor Frobenius)가 창시한 문화권에 따라 문화사를 재구성하는 방법인데, 여기에서 말하는 문화권이란 과거에 발생하여 현재까지 계속되고 있는 일정 지역에서의 특징적인 문화복합이다. 이에 반해 미국의 인류학에서 말하는 문화영역이라고 하는 개념은 이러한 지속성이나 안정성을 포함하지 않는 일시적인 문화의 공간분류 개념이며, 역사적 변화를 중시하는 고고학의 문화권은 굳이 어느 쪽에 가까운가라고 한다면 문화영역에 가깝다.

그러나 고고학에서는 예를 들어 조몬토기의 양식권과 같은 분포권이 설정되기도 하지만, 문화영역론의 정태적(静態的) 수법으로는 문화의 동태적(動態的) 변화 과정이 나타나지 않는다는 결함이 지적된다. 분포권 내에서 유물의 세별 형식 간, 혹은 유적끼리의 관계, 혹은 계통적인 변화를 밝히거나 다른 계통 토기와의 공존 관계 등 변화의 패턴을 찾아내어야 한다.

그렇다면 고고학에 의해 그려진 문화권이나 문화영역은 도대체 무엇을 나타내고 있는 것일까? 그 실태란 어떠한 것일까? 독일의 고고학자 구스타프 코시나(Gustaf Kossinna)는 모든 문화영역은 특정 민족이나 민족군과 서로 겹치며, 문화권은 민족권과 같다고 말했다. 그러나 이는 결론이 먼저 내려진 뻔한 논리이지 고고학적 논증을 거친 것은 아니었다. 가령 북유럽과 북독일의 황금으로 만들어진 용기의 분포권이 게르만족의 분포를 나타낸다고 하였지만, 이 제품은 실제로는 남유럽의 오스트리아에서 만들어진 것이다. 그러나 이 제품이 북유럽으로 옮겨졌고, 거기서 매납되었기

---

9 『日本書紀』·『古事記』에 기록된 전설상의 인물인 신무(神武)천황이 히무카노쿠니(日向国)를 나서 나라(奈良)분지와 그 주변을 통치하고 있던 나가스네히코(長髄彦)를 멸하고, 초대 천황이 되었다는 일련의 설화를 말한다.

때문에 북유럽 특유의 제품으로 간주해버린 잘못된 해석이었다.

이뿐이라면 고고학적인 해석의 문제일 수 있지만, 심각한 문제는 게르만족의 우수함을 증명하거나 그 근거로 삼기 위해 나치가 코시나의 논리를 이용했다는 것이다.

와쓰지 테쓰로가 그린 문화권의 실태는 분포권이며, 분포권 그 자체만으로는 어떠한 논리가 성립되지 않지만, 그것을 문화권으로 취급하여 야마토 정권의 모체로 삼고, 그 성립 이야기를 시국에 유리한 논리로 말했다. 고고유물의 분포를 해석할 때 잠재하고 있는 위험성을 우리에게 알려주고 있다.

VI.
자연과학과의 관계

사토 히로유키

佐藤宏之

목표 & 포인트　근년, 각종 자연과학적 분석법의 진보와 그 활용에 따라 고고학 연구는 극적인 진전을 보여주고 있다. 본 장에서는 대표적인 분석법과 성과에 대해 소개하고, 종합과학으로서 고고학의 의의에 대해서 설명한다.

키워드　환경복원, 생태계와 자원의 구조, 동식물, 기후변동, 이화학 분석(산지 · 동위원소 · 화분)

1. 인간과 자연

1) 유적에 남겨진 자료와 이화학 분석

인간은 자연과 떨어져 생활할 수는 없다. 과거로 올라갈수록 인간은 더욱 자연과 밀접한 관계를 맺고 살아가고 있었는데, 고고학적으로 그 흔적을 확인하는 것은 간단하지 않다. 유적에 남은 과거 사람들의 활동 흔적은 부식되거나 소멸하기 어려운 토기나 석기와 같은 도구, 수혈주거지의 기초와 같이 지면을 파서 움푹 들어가게 된 흔적 등이 주요 대상이다. 주거지의 기둥이나 지붕과 같은 건축재, 사람들이 먹었던 자연자원 등은 보통의 유적에서는 시간이 경과함에 따라 대부분 자연 작용으로 인해 소멸해 버리기 때문이다.

그렇기 때문에 고고학은 근년 급속도로 진전해 온 자연과학의 여러 분야와 적극적으로 융합하여 유적이나 유적 외에서 얻어진 자료의 이화학적 분석을 실시하고 있다. 도구나 건축재의 소재, 식량자원, 기후나 자연환경의 추정과 관련하여 많은 성과를 올리게 되었다. 또한 고정밀 연대측정과 동위원소분석의 진전에 의해 과거 기후변동의 실태가 밝혀지고 있으며, 문화와 자연의 상호관계에 대해 구체적으로 다루어지고 있다. 화분이나 동식물 유존체의 분석, 인골·암석·토양 등에 포함된 동위원소나 미량원소 등의 분석을 통해 인간이 이용해 온 동식물 자원의 실태가 해명되고 있다. 중요한 도구였던 석기나 금속기의 재료가 되는 석재와 금속의 산지가 밝혀지게 되었고, 그것들을 개발하고 이용해 온 사람들의 행동 및 활동, 교환·교역의 실태도 다각도로 살펴볼 수 있게 되었다.

본 장에서는 최근 자연과학적 분석 기술의 진전에 의해 급속도로 밝혀지고 있는 과거 인간활동의 흔적에 대한 연구현황에 대해서 주로 선사시대를 중심으로 살펴보도록 한다. 주요한 분석방법과 성과를 소개하고 검토해 보도록 한다.

2) 자연환경과 자원의 관계

일본열도의 선사시대는 구석기시대와 조몬시대이다. 빙하기의 구석기시대와 완신세(11,700년전~현재)의 조몬시대는 기후나 자연환경이 대조적으로 달랐었는데, 둘 다 수렵·채집·어로 생활을 기본으로 하고 있었다. 본격적인 농경은 야요이시대 이후부터 시작된다. 선사시대 사람들의 생활은 지금보다도 훨씬 강하게 자연의 자원에 의존하고 있었음에 틀림없다.

유적에서는 당시의 자연환경에 관한 정보를 거의 획득하기 어렵기 때문에 해저, 호수나 늪, 습지 등의 퇴적물에 남아 있는 자료를 통해 과거의 자연환경을 복원해 왔다. 그러나 이러한 자료들이 그대로 과거 인간활동에 대한 해석으로 직결되지는 않는다. 중요한 것은 선사시대의 인류는 주위에서 이용 가능한 자연환경 중에서 스스로 유용한 자원을 개발하고 이

[그림 6-1] 인류 생태계의 개념

출전 : 出穗雅実, 2007, 「第4章 遺跡形成過程と地考古学」 『ゼミナール旧石器考古学』, 同成社(p.73)

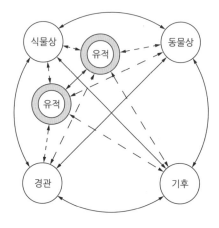

용해 왔기 때문에 그 이용방법이나 수단을 결정하기 위해 자연자원의 구조를 이해할 필요가 있다. 사람들은 보유하고 있는 기술이나 생활의 수준에 맞추어 자원 활용을 계획·운용하였기 때문에 이러한 특성이 그들의 행동이나 생활을 규정하고 있을 것이다(그림 6-1).

2. 환경 복원의 제 양상

1) 고기후 복원

과거의 기후변동에 대한 연구는 19세기 유럽 알프스에서 빙하지형이 발견되면서 갱신세(250만년전~11,700년전)에는 4번의 빙기(4대 빙기)가 있었다는 설이 지질학 분야에서 나온 것처럼, 매우 긴 연구의 역사를 가지고 있다. 특히 최근의 연구성과는 장족의 발전을 보여주고 있다. 1950년대부터 시작된 그린란드(Greenland)의 빙상(氷床)에 대한 보링 코어(boring core) 조사를 통해 연호(年縞)퇴적물(빙하나 호수 바닥에서 1년마다 띠모양으로 보이는 퇴적물)의 존재가 밝혀지게 되었다. 이를 대상으로 하여 근년 실용화가 진전된 AMS법 등 고정밀 연대측정법(제IV장 참조)에 의해 정밀한 연대치가 부여되면서 과거 10만년 간에 걸친 기후변동의 역사적 경과가 상세히 해명되었다.

이렇게 만들어진 기후변동 곡선은 단스가드 오슈거 주기(Dansgaard-Oeschger cycle)[1] 라고 불리는데, 그전까지 정설이었던 4대 빙기보다 훨씬 더 많은 빙기와 간빙기가 짧은 주기로 급격히 변동되었던 사실을 알게

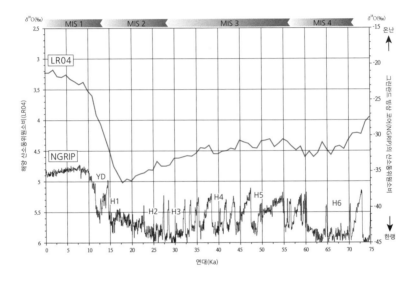

[그림 6-2] 갱신세~완신세의 기후변동

출전 : 公文富士夫, 2015, 「更新世から完新世への自然環境変動」『季刊考古学』132号, 雄山閣(pp.18-22) 개변

---

1 최종빙기에 일어난 급격한 기후변동이다. 수 십년 간 최대 10℃의 급격한 온난화와 한랭화를 반복했다는 것이 윌리 단스가드(Willi Dansgaard)와 한스 오슈거(Hans Oeschger)에 의해 제창되었다(과거의 기온은 빙상 코어 속의 산소동위원소로부터 산출할 수 있다).

되었다. 이 사이클은 세계 각지의 심해 해저나 산악지대의 빙하, 석회암 동굴, 호수나 늪지 등에서도 같은 변동으로 관찰되었다. 현재에는 산소동위원소비 스테이지(OIS), 또는 해양산소동위원소비 스테이지(MIS)라는 이름으로 지질의 연대뿐만 아니라 국제적인 구석기시대의 연대 비교 단위로써 사용되고 있다(그림 6-2).

이와 함께 기후변동의 원인에 관한 연구도 진전되어 현재에는 세계 여러 곳의 대양을 흐르는 해류의 변화가 기후를 지배하고, 세계를 순환하는 해류가 어떤 원인에 의해 정지하거나 흐름이 크게 변화하여 기후변동이 일어나는 것으로 생각되고 있다. 예를 들어 갱신세(구석기시대)에 나타나는 대규모의 한랭화 현상인 하인리히 이벤트(Heinrich events, 그림 6-2의 H1, H2 등)[2]는 당시 북아메리카 대륙을 덮고 있던 빙하가 붕괴해서 대서양으로 흘러들었고, 그것이 해류의 흐름을 차단했기 때문에 일어났던 것이다. 이 현상은 일본 해저의 기록에서도 관찰할 수 있기 때문에 일본열도의 고기후 복원은 세계의 기후변동 연구와 이미 떼려야 뗄 수 없는 관계이다.

갱신세의 기후는 한랭·건조를 기본으로 하면서 오늘날의 기후와는 전혀 다르다. 매우 어지러운 기후변동이 반복되다가 완신세가 되면 일변하여 세계의 기후는 온난화되면서 매우 안정된 기후환경으로 변화하게 된다. 지금으로부터 약 1만년전 이후가 되면서 완신세에 접어들었고, 처음으로 본격적인 농경과 문명화에 도달한 역사를 형성할 수 있게 된 것도 이러

---

2   최종빙기에 북대서양으로 다수의 빙산이 흘러들어 오게 되면서 생긴 급격한 대규모 한랭 이벤트로 1988년 하르트무트 하인리히(Hartmut Heinrich)에 의해 발견되었다. 단스가드 오슈거 주기와 잘 일치한다.

한 자연환경의 조건과 무관하지 않다.

2) 동식물상과 동식물 자원

동물이나 식물은 인류가 이용한 자연자원의 주요한 대상이다. 선사시대의 사람들은 특정한 동식물이 가축화되고 농경화되기 이전, 야생의 동식물을 대상으로 하여 식량이나 도구, 건축재 등으로 다양하게 이용하였다. 자연환경은 단순히 그것을 구성하는 생물의 종이 집합되어 있는 것이 아니라 여러 생물이 상호 간 밀접한 관계성을 가지면서 성립된 생태계로 보아야 한다는 것이 요즘의 일반적인 인식이다. 따라서 과거의 자연환경을 복원하기 위해서는 생태계의 관점에서 바라볼 필요가 있다.

생태계의 관점에서 보았을 때 자원의 대상이 되는 동식물은 상호 의존 관계에 있다. 2차 생산자인 동물은 먹이가 되는 특정한 식물(1차 생산자)의 존재가 전제되어야만 한다. 구석기시대 사람들의 생업 주체는 동물의 수렵이었다고 생각되고 있는데, 유적에서는 동물 유존체가 거의 출토되지 않기 때문에 직접 알 수는 없다. 그렇기 때문에 우선 당시의 식물상을 복원하고, 거기에서 상정 가능한 동물상을 복원하는 과정으로 진행된다. 물론 화석이나 동굴 퇴적 등에서 검출된 실제의 화석동물 사례도 중요한 자료가 된다.

(1) 식물자원

식물상의 복원은 유적으로 형성된 경우는 아니지만 유기질 자료의 보존 상태가 양호한 환경인 습지나 호수, 늪, 해저 등의 퇴적물에 남아 있는 화분, 미세한 화석이나 대형 종실류 등으로 행해진다. 특히 화분은 생물의 종으로서 자손을 남기기 위한 중요한 조직이기 때문에 원칙적으로는 종마다의 특이성을 갖고 있다. 풍매화(風媒花)[3]를 중심으로 생산량이 많고, 보

고사할린 · 홋카이도 · 지시마반도
古サハリン · 北海道 · 千島半島

고혼슈도
古本州島

[범례]
⬚ : 높은 산 · 빙하
▨ : 침엽수 소림 · 초원
■ : 한온대 침엽수림
⬚ : 온대 침 · 활엽 혼합림
⬚ : 난온대 낙엽 활엽수림 · 상록 활엽수림

[그림 6-3] 후기구석기시대 일본열도의 식생

출전 : 岩瀬彬·橋結潤·出穂雅実·高橋啓一·佐藤宏之, 2011,「日本列島における後期更新世後半の陸生大型哺乳動物の絶滅年代」『環日本海北部地域における後期更新世の環境変動と人間の相互作用に関する総合的研究』, 東京大学大学院人文社会系研究科附属北海文化研究常呂実習施設·人文文化研究機構総合地球環境学研究所(p.37)

존성도 높기 때문에 식물상 복원에 좋은 자료이다. 게다가 최근에는 고정밀 연대측정법의 활용에 의해 세밀한 연대치가 부여됨으로써 고고학적 자료와의 조합도 가능하게 되었다.

식물상의 복원은 온대 낙엽 활엽수림 지대라고 하는 오늘날의 식생대 구분을 기준으로 해서 행해지는 경우가 많다. 조몬시대는 거의 현재의 기후환경과 유사했기 때문에 현재와 유사한 식생대 분포로 인정되고 있지만, 빙하기의 구석기시대는 크게 다르다. 단순히 한랭화에 따라 현재의 산악지대나 북방에 보이는 식생이 강하·남하했던 것만은 아니다. 한랭한 기후였지만 건조하기도 했기 때문에 현재의 러시아 아무르강 하류역의 삼림 식생에 가까웠던 것으로 추정되고 있다. 이러한 삼림은 식물자원을 획득하기에는 부족한 자연환경이다(그림 6-3).

한편, 조몬시대에는 화분분석에 의해 유적 내에서 밤나무숲의 존재가 추정되기도 했고, 토기 표면에 남은 압흔을 대상으로 한 레플리카법[4]이나 탄화물의 분석을 통해 대두 등의 콩류나 삼, 깨, 박 등의 재배 흔적이 확인되었다. 조몬시대는 기본적으로 수렵채집 경제였지만 일부 유용 식물자원의 재배가 행해지고 있었던 것으로 밝혀졌다. 하지만 벼와 같은 곡물 재배에 의한 본격적인 농경사회의 등장은 야요이시대까지 기다려야 한다.

---

3 바람에 의해 꽃가루가 이동하여 꽃가루받이를 하는 꽃을 풍매화라고 한다. 소나무 등 대부분의 겉씨식물 및 벼과, 사초과, 골풀과 식물들이 풍매화를 갖는다. 참나무, 밤나무, 오리나무, 호두나무 등도 바람을 이용하여 수분한다(식물학백과).
4 토기 표면에 남은 압흔에 실리콘 고무를 밀어 넣어 반대로 찍혀 나온 레플리카를 주사전자현미경(SEM) 등으로 관찰·촬영하여 동정하는 방법이다.

(2) 동물자원

동물상은 주로 식생 환경이나 출토된 화석 동물뼈를 통해 복원되고 있다. 세계의 여러 선사시대 유적이나 현생 수렵채집민의 생업 연구(민족고고학, 제VII장 참조) 등을 근거로 하여, 구석기시대의 중위도 지역에서는 대형동물이 주요한 수렵 대상이 되었다고 생각되고 있다. 그렇기 때문에 고생물학 중에서도 대형동물에 대한 연구가 주요한 참고 대상이 된다. 지금까지의 연구에 의하면 일본열도의 포유류 동물상은 시베리아 기원의 매머드 동물군(주로 홋카이도)과 중국 북부에 기원을 두는 나우만코끼리-큰뿔사슴 동물군(주로 혼슈 이남)이 중기 갱신세 이후 기본을 이루고 있었다. 그런데 나우만코끼리, 대형 사슴과 소 등의 대형동물은 25,000~20,000년 전 무렵에 멸종하였고, 남은 동물들이 오늘날의 기본적인 동물상을 이루게 되었다.

이 변화는 당시 사람들의 생활이나 행동, 도구의 변화에 크게 영향을 미쳤을 것인데, 이에 대해서는 제VII장에서 다시 설명하도록 한다.

(3) 식성분석

최근에는 뼈에 남아 있는 콜라겐을 시료로 하여 탄소·질소동위원소를 분석함으로써 뼈를 남긴 개체의 생전 식료자원의 주체를 해석하는 식성분석이 활발히 이루어지고 있다. 식성분석은 인골이 주된 분석대상이었는데, 최근 동물뼈 분석이 활발해졌다. 또한 토기 내면에 부착되어 있는 탄화물을 이용해 토기에서 조리·처리된 식량자원의 내용을 분석할 수 있게 되었다.

이러한 분석을 통해 지금까지 고고학적으로 추정해 온 식성과는 꽤나 다른 실태가 밝혀지게 되었다. 다만, 추정 가능한 식료자원의 단위가 현시점에서는 큰 범주에 머무는 수준이기 때문에 생물의 종과 대응시킬 수 있

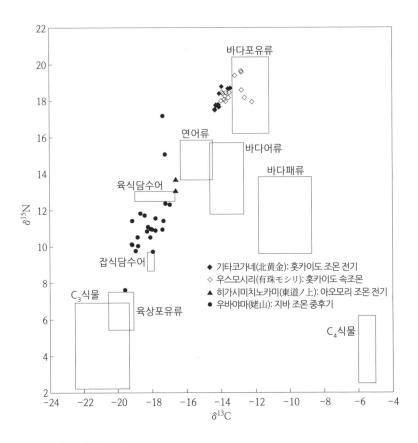

[그림 6-4] 식성분석 판별도

출전 : 米田穣, 2010, 「食生態にみる縄文文化の多様性」『科学』80巻4号, 岩波書店(p.386)

을 정도는 아니다. 판별도(그림 6-4)에서 알 수 있듯이 그 단위는 '담수산 자원/해산자원/초식동물/C_3식물(벼·밀·도토리 등)/C_4식물(옥수수·사탕 수수·잡곡 등)' 등이다. 의존도는 판별도 상의 각 생물 영역 수치와의 유사 도에 따라 추정한다.

구석기시대의 인골은 최근 출토 사례가 증가하고 있는 류큐(琉球)제도 를 제외하면 일본열도에서는 거의 사례가 없기 때문에 상세를 알 수 없다.

하지만 유럽의 네안데르탈인 인골 분석에 의하면 초식동물에 편중된 식성으로 밝혀졌기 때문에 일찍부터 동물 수렵을 통해 주된 식량자원을 획득하고 있었던 증거로 간주되고 있다.

조몬시대의 식성분석은 대규모 패총에서 출토된 인골에서도 수산자원 이상으로 육상동물 자원을 이용했던 것으로 밝혀지게 되면서 기존의 일반적인 인식을 뒤엎기도 하였다. 또한 조몬시대에는 C_3식물에 대한 의존도가 일정 부분 인정되기도 하지만, C_4식물에 대한 의존도는 거의 나타나지 않는다. 따라서 지금까지 민족학 등을 중심으로 제시된 조몬시대의 잡곡 (화전) 농경설은 근거가 희박한 것으로 밝혀졌다. 이 성과는 최근 활발히 진행되고 있는 토기 표면에 남아 있는 식물 종자의 흔적에 수지를 넣어 복사해 낸 다음 동정하는 레플리카법에 의해서도 증명되고 있다.

3) 유전遺傳 연구

(1) 현생 인류의 기원과 확산

근년, 장족의 발전을 보이고 있는 분야가 유전인류학이다. 현생 인류인 Homo sapiens의 기원에 대한 논쟁은 항상 인류학의 주요 과제로써 다루어져 왔다. 지금까지는 주로 화석인골의 형질이나 형태를 연구하는 것이 주요한 분석 수단이었다. 이를 통해 20세기 후반에는 현생 인류가 아프리카에서만 기원했다고 하는 아프리카 단일기원설과 세계 각지로 확산한 선행 인류가 각지에서 그대로 현생 인류로 진화했다고 하는 다지역진화설의 양자가 대립하고 있었다. 1980년대 후반에 세계 각지의 현대인을 대상으로 하여 세포 내 기관인 미토콘드리아 DNA(mt-DNA)의 변이로부터 전자의 아프리카 단일기원설을 지지하는 연구성과가 발표되었다. 이 성과는 곧 세계적인 인정을 받게 되어 90년대에는 단일기원설이 정설로 되었다

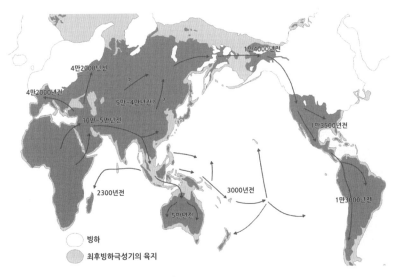

[그림 6-5] 현생 인류의 확산(역자 개변)
출전 : 海部陽介, 2005, 『人類がたどってきた道—"文化の多様化"の起源を探る—』NHK ブックス1028, 日本放送出版協会(p.98)

(그림 6-5).

고고학에서는 전기·중기 구석기시대의 사람들을 원인(原人)이나 구인(舊人) 등의 선행 인류로, 후기 구석기시대 사람들을 현생 인류로 생각하고 있었기 때문에 이 mt-DNA에 의한 유전인류학의 신학설은 문화·사회의 변화에 대한 고고학적 해석에 매우 큰 영향을 미쳤다.

유럽과 서아시아의 mt-DNA 연구성과(이후의 Y염색체 유전자 연구도 포함)에 의해 현생 인류는 네안데르탈인 등의 선행 인류와 혼혈 없이 각지에서 선행 인류가 절멸한 다음 바뀌었다고 하는 단절치환설(斷絕置換說)이 제창되었다. 이 지역에서는 고고자료의 변화와도 조화를 이루었기 때문에 (후기구석기혁명설) 인류학에서는 정설로 받아들여졌다. 그러나 그 후 아프리카나 아시아의 구석기시대 연구가 진전되면서 중기/후기구석기문화의 계속성이 명확해졌기 때문에 비교적 대규모의 혼혈이 있었다고 보는 고고학자의 점이치환설(漸移置換說)과 대립하게 되었다.

현대인의 mt-DNA에는 진화의 과정이 반영되어 있는 하플로타입 (haplotype, 시간의 경과에 따라 증가)이라고 하는 다른 유전자 그룹이 있는데, 이 하플로 집단의 종류는 아프리카에서 멀리 떨어질수록 증가하기 때문에 현생 인류 집단의 확산 과정을 반영한다고 인정되고 있다. 유전인류학은 이 하플로타입에 기초한 현생 인류의 확산모델을 제시하였으며, 이에 대해 고고학적 검증 절차가 활발히 이루어지고 있다. 고고학자도 대체로 아프리카 단일기원설을 지지하고 있기 때문에 문제는 확산모델과 루트, 그리고 연대이다. 고고학적 방법은 주로 유적이나 유물에서 나타나는 현생 인류의 행동을 동정하는 것이다. 여기에는 석기 제작기술, 석재 이용의 형태, 수렵행동, 영역성, 사회조직, 행동원리, 매장, 상징능력, 정신활동, 매래예측능력 등 다방면에 걸친 요소를 포함하고 있기 때문에 아직 연구 도중에 있다고 볼 수 있다.

유전인류학이 제기하는 확산모델의 문제점 중 하나는 하플로 집단의 계통 연구가 현대인의 mt-DNA를 대상으로 하고 있기 때문에 초기의 확산집단이 최초에 거주하던 곳에서 대규모 집단 이동을 하지 않고 현재의 분포를 반영하고 있다는 가정이다. 그러나 역사시대에서 대규모 민족이동이 있었던 사례는 셀 수도 없이 많기 때문에 그 가정의 확실성에 대한 앞으로의 검증이 필요하다. 더욱 중요한 것은 과거의 인골을 분석한 사례(고대 DNA)가 열쇠를 쥐고 있지만, 선사시대의 인골은 사례가 희박한 데다가 편중이 심하며 분석 자체에도 고도의 기술이 요구된다. 또한 mt-DNA는 모계 유전이기 때문에 모계 계통만 반영하고 있다. 가장 확실한 방법은 부모 양쪽 계통 모두 분석 가능한 화석인골의 핵 DNA(게놈, genome)의 분석 데이터를 축적하는 것이다. 최근에는 핵 DNA 분석도 시도되고 있는 등 앞으로 더욱 기대되는 분야이다.

(2) 조몬인繩文人의 계통

전술한 바와 같이 일본열도에서는 구석기시대 인골의 출토 예가 극히 한정적이기 때문에 식성분석과 마찬가지로 조몬시대 인골의 유전인류학적 연구가 진전을 보이기 시작했다. 조몬시대 인골에서 추출한 고대 mt-DNA와 현대인 하플로 집단의 분포를 비교함으로써 조몬인의 집단 계통에 관한 연구성과가 보고되기 시작했다. 또한 조몬시대 매장 인골의 유전정보를 분석하여 친족관계나 혼인규제에 대해서도 연구가 진행되고 있다.

3. 도구 재료의 산지와 획득·교환

1) 석기의 재료

선사시대의 사람들은 식량 이외에도 도구나 사치품, 안료, 건축물의 재료 등을 자연자원을 통해 구해 왔다. 이들의 대부분은 부식되어 오늘날까지 남아 있지 않지만 암석과 같이 잘 남아 있는 사례도 있어 산지를 특정할 수 있는 경우가 있다. 그중 가장 중요한 것은 선사시대 사람들에게 있어서 가장 많이 이용된 도구인 석기의 재료인 석재이다.

석기는 일본열도에서 구석기시대 처음부터 사용되어 철기 등의 금속기가 보급되는 고훈시대(古墳時代)까지 가장 중요한 이기(利器)였다. 석기는 인간의 생활에서 가장 빈도가 높게 사용되는 도구이기 때문에 원칙적으로는 거주지역 근처에 있는 석재가 이용되었다. 그러나 도구로서의 기능이나 희소성을 담보하기 위해 원격지의 석재가 이용되기도 하였다. 그렇기 때문에 석재의 환경적인 연구는 단순히 도구의 소재 이용을 알기 위함뿐만 아니라 행동이나 활동의 내실, 혹은 사회적인 집단관계까지 파악할 수 있는 정보를 제공한다.

2) 흑요석의 산지 동정

석기의 주된 용도는 수렵구와 가공구이다. 그중 수렵구는 예리한 날이 필요하기 때문에 세립이면서 치밀한 암석이 석재로 선택된다. 일본열도에서는 흑요석, 셰일(shale, 혈암), 처트(chert, 각암), 사누카이트(sanukite, 찬기암), 안산암, 유문암 등이 선택적으로 이용되었는데, 산지가 한정되어 있다. 그중 흑요석에 대한 산지 동정 연구가 가장 활발하다.

흑요석은 선사시대 동안 계속해서 주요한 도구의 재료로 사용되어 왔다. 화산이 분화되면서 분출한 마그마나 용암, 화쇄류, 화도(火道) 등의 표층이 급속하게 냉각될 때 생성되는 화산 유리의 일종이다. 이러한 특성 때문에 산지가 오세아니아, 동남아시아, 서아시아, 동유럽, 아메리카와 같이 지각 플레이트의 경계 부근에 있는 화산 지대에 많이 위치한다. 화산의 분화는 지각 아래에서 항상 움직이고 있는 마그마가 일시에 분출하는 현상이기 때문에 화산마다, 혹은 분화마다 마그마 성분의 미묘한 차이가 형성된다. 이로 인해 생성된 흑요석 광물 조성이나 미량원소의 화학성분 조성은 원칙적으로 다를 가능성이 매우 높다. 따라서 정확한 화학 조성을 계측할 수 있다면 퇴적암이나 변성암 등으로 만들어진 다른 석기의 석재와는 현격한 차이가 나기 때문에 원산지 동정의 분해능력이 매우 높다.

일본열도에서는 현재 약 80개소 이상의 지질학적 원산지가 확인되었는데, 대부분이 비교적 소규모의 원산지이며 산지의 형태도 다양하다. 유통량이나 유통 범위는 대체로 작은 편이다. 하지만 홋카이도(北海道)의 하쿠류(白竜)·오케토(置戸)·도카치(十勝)·아카이가와(赤井川), 기타칸토(北関東)지방의 다카하라야마(高原山), 주부(中部)지방의 야쓰가타케(ハヶ丘)

주요 흑요석 산지 범례
1. 시로타키(白滝)
2. 오케토(置戸)
3. 도카치미쓰마타(十勝三股)
4. 아카이가와(赤井川)
5. 후카우라(深浦)
6. 오가(男鹿)
7. 다카하라야마(高原山)
8. 야쓰가타케(八ヶ岳)
9. 와다토게(和田峠)
10. 가시와토게(柏峠)
11. 고즈시마(神津島)
12. 오키(隠岐)
13. 고시타케(腰岳)
14. 구와노키즈루(桑ノ木津留)

시로타키산
흑요석

오가산 흑요석

오키산 흑요석

고시타케산
흑요석

와다토게산 흑요석

고즈시마산 흑요석

구와노키즈루산 흑요석

[그림 6-6] 일본열도 주요 흑요석 산지와 유통권
출전 : 芝康次郎, 2015, 「石器石材の獲得·消費と流通」『季刊考古学』132号, 雄山閣(p.48)

주변·게로(下呂)·이즈(伊豆)제도의 고즈시마(神津島), 산인(山陰)지방의 오키노시마(隠岐島), 북부큐슈의 고시타케(腰岳) 등 대규모 원산지의 흑요석은 유적에서 출토되는 양도 많고 넓은 범위로 유통된다(그림 6-6).

3) 토기의 태토분석

조몬시대가 되면 각지에서 토기가 만들어지게 된다. 토기의 제작은 적합한 흙에 혼화재 등을 섞은 점토를 태토로 하여 쌓아 올리면서 기형을 잡아간다. 건조시킨 후에 문양을 새기고 야외에서 소성하여 완성시키는 과정이 일반적이다. 점토는 통상 근거리에서 획득했을 것으로 생각되기 때문에 태토를 금속 현미경 등으로 관찰해 보면 구성된 광물의 종류나 비율을 동정할 수 있게 되고, 이를 통해 점토의 획득 지점을 특정할 수 있다. 이미 몇 개소의 유적에서는 점토를 채굴했던 흔적이 발견된 바 있어 보다 실증적인 토기 제작법이 해명되고 있다. 또한 거주지 근처에서 채굴한 점토가 아닌 것으로 판명되면, 토기 자체가 원격지로부터 반입된 사실을 알 수 있다. 따라서 해당 토기가 재지에서 모방된 것인지, 아니면 외부로부터 직접 제품으로서 반입된 것인지를 알 수 있는 단서가 된다. 이러한 분석결과는 우리에게 토기를 둘러싼 집단 간의 사회적 관계를 해명할 수 있는 중요한 정보를 제공해 준다.

4) 광물자원과 조개

비취와 호박은 귀중한 광물로서 특히 유통 범위가 넓다. 모두 미량원소의 측정이나 암석학적 분석을 통해 산지를 특정하는 것이 가능하다. 호박은 구석기시대에도 그 사례가 약간 있지만 양자 모두 이용이 본격화되는 것은 조몬시대부터이다. 비취는 니가타현(新潟県) 히메카와(姫川)유역이 조몬시대의 유일한 산지이며, 곡옥(曲玉)이나 큰 구슬의 형태로 가공해서 동일본 각지로 유통되었다. 호박의 원산지는 각지에서 확인되는데, 조몬시대에는 이와테현(岩手県) 구지시(久慈市)가 주요 산지이며, 주로 목걸이로 가공되어 유통되었다. 홋카이도(北海道)에는 사할린산의 호박이 유입되기도 했다.

각종 수지(樹脂)나 유지(油脂) 등이 접착제로 이용되었는데, 그중 천연아스팔트는 산지를 특정할 수 있다. 일본열도에서는 도호쿠(東北)지방의 니가타현(新潟県) 연안 지역에 걸쳐 분포하는 유전(油田) 지대에서 천연 아스팔트가 산출되는데, 최근 산지분석법이 진전되면서 조몬시대의 산지가 밝혀지기도 하였다. 조몬시대에는 아키타현(秋田県)과 니가타현(新潟県)에 소재하는 세 곳의 산지가 그 공급원이었던 것으로 판명되었다. 이러한 천연 아스팔트는 동일본에서만 300개소 이상의 유적에서 확인되었다.

조개팔찌는 조몬시대의 대표적인 장식품인데, 동북 일본에서는 속갈색조개나 피조개라는 그 시방의 조개로 만들어진 팔찌 외에도 원산지가 다른 서남 일본보다 남쪽의 난류에 한정적으로 서식하는 이모가이·오쓰타노하(Patella optima)·개오지와 같은 특별한 조개로 만든 팔찌도 특정 무덤에서 부장품으로 출토된다.

이처럼 조몬시대에는 근거리뿐만 아니라 원거리 간의 물질 교환망이 정비되어 있었고, 지역사회 간의 정보 네트워크가 구축되어 있었던 것을 알 수 있다.

4. 자원의 구조와 인간의 이용

본 장에서는 고고학 연구의 진전에 자연과학적 수법의 발달이 얼마나 공헌했는지에 대해 살펴보았다. 인간이 무엇을 먹고, 어떠한 산지의 자원을 이용해서 생활해 왔는지를 밝힘으로써 문화나 사회, 생활의 실태를 보다 선명히 그려 낼 수 있게 된다. 제Ⅶ장에서는 이렇게 밝혀진 환경이나 자원의 실태에 대해서 선사시대의 사람들이 어떻게 적응·대응하면서 생활하였는지에 대해서 알아보도록 한다.

VII.
수렵채집민의 생활기술

사토 히로유키

佐藤宏之

목표 & 포인트　선사시대의 사람들은 수렵채집민이었다. 현재의 수렵채집민은 다양한 자연환경 속에서 스스로 자원을 효율적으로 획득하기 위해 생활기술이나 행동원리, 사회구조 등을 효과적으로 변용, 적용해서 자연에 전략적으로 적응해 나간다. 선사시대의 수렵채집민도 마찬가지였을 것이다.

키워드　수렵·어로·채집기술과 행동, 도구제작(토기·석기), 구석기시대, 조몬시대, 민족고고학, 수렵채집민

1. 수렵·어로·채집생활

1) 현생 수렵채집민의 생업과 일반 원리

문자나 농경이 존재하지 않던 선사시대의 사람들은 자연자원에 의존하는 수렵채집민이었다. 현대에는 거의 남아 있지 않은 그들의 생활, 문화, 사회의 실태는 세계의 근대 수렵채집민의 민족지나 민속기록 등을 통해서 추측해 볼 수 있다(민족고고학). 그들은 자원을 효과적으로 개발하고 이용하기 위해 적절한 재료를 획득하고, 기술을 발휘해서 효율적인 도구를 제작, 운용해 왔다.

수렵채집민은 기본적으로 동물을 사냥하고 조개나 물고기를 획득하며 (어로), 식물 식량을 채집해 왔지만 그 비율은 각지에서 달랐다. 예를 들어 리차드 리(Richard Lee)는 세계의 현생 수렵채집민이 어떠한 생업을 주로 영위하였는지 그 비율을 위도별로 조사하였는데, 북방으로 갈수록 수렵의

[그림 7-1] 리차드 리(Richard Lee)의 위도별 생업 비율
출전 : 佐藤宏之, 2000, 『北方狩猟民の民族考古学』, 北海道出版企画センター(p.31)

위도	주요 생업			
	채집	수렵	어로	합계
60° 이상	—	6	2	8
50-59°	—	1	9	10
40-49°	4	3	5	12
30-39°	9	—	—	9
20-29°	7	—	1	8
10-19°	5	—	1	6
0-9°	4	1	—	5
	29	11	18	58

비율이 증가하는 한편, 남방으로 갈수록 채집의 비율이 증가한다는 사실을 지적한 바 있다(그림 7-1). 어로에 의존하는 수렵채집민은 비교적 고위도에 위치하는 비율이 높았다.

브라이언 헤이든(Brian Hayden)은 리차드 리의 위도별 생업 패턴을 보다 상세히 분석하였는데, 온습도나 동식물상 등 기후·환경 데이터나 자원 분포의 다양성과 계절성에 대응시켜 수렵채집민의 식량 획득 전략의 일반성을 밝혀내었다. 식량의 선택성이나 획득방식, 처리기술, 분배, 저장기술과 집단의 규모, 자원의 구조, 이동성/정착성, 자원의 탐색 면적·영역과 그 거리, 노동시간, 성별·연령별 분업 등에 대해 상세히 분석했다. 그 결과 여성의 일이라고 여겨지는 식물자원의 채집활동에 의해 얻을 수 있는 칼로리가 영양학적으로는 가장 중요함에도 불구하고 북방으로 갈수록 수렵의 생업활동 비율이 높아져 수렵에 종사하는 남자의 공헌도가 상승하는 것으로 파악되었다. 이러한 패턴은 성인 남성을 중심으로 하는 수렵의 조직원리가 사회구조 그 자체를 결정하게 되는 수렵채집사회의 일반원리와 잘 부합된다. 또한 브라이언 헤이든은 인구밀도에 비해 집단의 규모가 클수록 수렵에 의존하는 비율이 높다는 점도 지적하였는데, 선사고고학을 생각하는 데 있어 중요하다.

한편, 웬델 오스월트(Wendel Oswalt)가 북방으로 갈수록 수렵구 등의 도구를 구성하는 기술단위(도구를 구성하는 부위의 수)가 증가한다고 하는 지적도 전술한 내용과 관련 있다. 수렵활동의 비중이 증가함에 따라 그 행위를 확실히 실행하기 위해 기술단위의 증가가 반영되었을 것이다.

　　자원을 개발하는 기술로써 식량 획득을 위한 도구·시설의 성격은 크게 자원의 종류에 따라 규정되는데, 그것은 획득 전략에 필요한 시간의 관리와 매우 깊은 연관성이 있다. 예를 들어 다양한 자원이 존재하지만 1년 내내 이용 가치가 높은 자원이 생기기 어려운 열대 저위도지방에서는 해마다 다양한 자원을 개발할 필요가 있다. 그러나 1년 중 어느 한 계절에 집중해서 질 높은 자원을 획득해야 하는 고위도지대에서는 자원개발의 집중과 다양화가 한 시기에 집약되기 때문에 자원개발에 있어서 시간의 관리

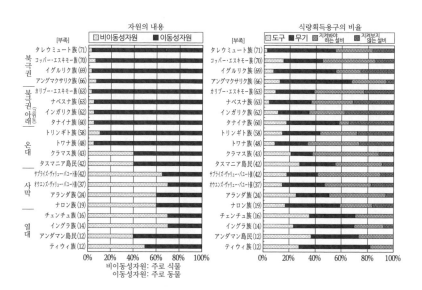

[그림 7-2] 환경지대로 본 수렵채집민의 자원 구조와 식량 획득 도구의 구성
출전 : 佐藤宏之, 2005, 「總論」『食糧獲得社會の考古学』, 朝倉書店(p.14)

가 획득기술을 구성하는 결정적인 요소이다. 그렇기 때문에 후자는 함정, 어량(魚梁)[1], 통발과 같이 설치를 해 두고 계속 지켜보지 않아도 되는 시설이 많이 이용된다(그림 7-2). 대규모의 함정 시설을 이용하여 수렵하는 방식이 고위도지대에서 발달하는 것도 바로 이 때문이다.

2) 수렵기술과 행동

현생 수렵채집민에 보이는 전술한 일반원리는 자연환경에 대한 인류의 적응 행동에 기초한 것이기에 과거의 선사시대에도 원칙적으로 적용 가능하다.

빙하기의 한랭건조한 기후였던 구석기시대의 유라시아대륙 북부에서는 광활한 툰드라 초원이나 듬성듬성한 숲이 펼쳐져 있었기 때문에 자원구조가 그리 세밀한 편은 아니었다. 따라서 순록이나 소, 말, 사슴 등의 초원성 대형 동물을 수렵하는 것이 생업의 주체를 이루고 있었다. 이러한 대형 짐승은 넓은 서식지를 확보하고 있었고 군집을 이루며 이동했기 때문에 인간도 집단을 이루며 광역적으로 이동하면서 수렵에 적합한 계절과 장소, 타이밍을 신중히 계획해서 실행하는 유동형 행동전략을 채용했다.

한편, 남방에서는 빙하기이지만 상대적으로 온난한 기온이었기 때문에 작은 동물의 수렵과 함께 식물 식량의 채집활동이나 수산자원의 개발(어로)도 중요한 생업이었다. 자원구조가 상대적으로 세밀하여 특정한 동물 종이 집중해서 출현하지 않았기 때문에 사람들은 북방에 비해 좁은 생

---

1   나무나 대나무 따위로 울타리를 쳐서 물길이 한곳으로 흐르게 한 다음 거기에 그물이나 어살 등을 놓아 물고기를 잡는 장치

활영역 안에서 정착적인 생활을 영위했다.

온대 중위도지대에 속하는 일본열도는 빙하기에는 유라시아 북방과 유사한 자원구조에 대응하는 수렵 주체의 적응행동이 채용되었으나 완신세의 조몬시대가 되면서 온대 삼림이 늘어나 수렵, 어로, 채집의 다각적인 자원 개발 행동이 전개되었다.

3) 어로와 채집

민족지를 통해 보면 수산자원의 획득이 모두 어로에 포함된다고는 할 수 없다. 물개, 바다표범, 고래와 같이 대형 해양 포유류의 획득은 수렵으로 분류되는 한편, 조개나 해초처럼 해안부에서 비교적 수월하게 획득할 수 있는 자원의 채취는 채집에 포함되어 이러한 민속적인 분류에 따라 성별·연령별 분업이 달라지기 때문이다. 전술한 바와 같이 수렵은 성인 남성이, 채집은 여성·노인·어린이가 주로 분담하는데, 획득이 곤란한 대형 어류는 성인 남성의 역할이었다.

수렵에 비해 어로나 채집은 상대적으로 정착적인 생업이다. 왜냐하면 바다, 강, 호수 등의 자원은 육지와 경계에 있는 특정한 지점에서만 획득할 수 있고, 식물 식량은 이동하지 않는 자원이기 때문이다. 따라서 광역적으로 이동하는 유동 행동 전략을 채용한 북방의 수렵민들에게는 어로활동이 미약했거나 전혀 없었다. 또한 빙하기의 북방 유라시아에서는 유용한 식물자원 자체가 매우 적었다. 예외적으로 특정 계절에 집단으로 하천을 거슬러 오르는 연어나 송어를 획득하였는데, 이는 대륙에서 후기구석기시대 후반부터 행해졌던 것으로 보고 있다.

남방에서는 구석기시대의 이른 단계부터 담수의 수산자원을 이용했던 흔적이 확인되었으며, 동시에 식물자원의 채집활동도 활발히 행해지고 있었다고 추정된다.

2. 도구의 제작과 사용

북방의 구석기시대 사람들의 생활은 유동적이었다. 수렵구는 한정적인 산지로부터 소중한 양질의 석재를 획득하여 석인기법 등을 이용해 제작하였으며, 계절적·효율적으로 소비하면서 광역적으로 이동하며 살았다. 작고 정밀한 양질의 석재는 어디에서나 구할 수 있는 것은 아니었고, 인구도 적은 데다가 사람들은 멈추지 않고 이동하고 있었기 때문에 교환이나 교역을 통한 안정적인 공급을 기대할 수 없었다. 따라서 특정의 원산지에서 스스로 조달한 석재를 장거리로 이동하면서 사용해야 했기 때문에 석재를 소비할 때 가능한 한 효율적인 기술을 보유해야 하는 것은 필연적이었다.

석인기법은 현생 인류가 처음 본격적으로 활용했던 석기 제작기술을 대표하는데, 길이가 폭의 2배 이상이며 양 측면이 평행한 돌날을 규격적으로 양산한 가장 효율적인 기술의 하나이다. 이 석인을 이용하여 골각기를 만들기도 하고, 가죽의 가공이나 육류의 처리를 행하는 여러 석기들을 만들어 내었다. 특히 석기의 양쪽 선단부를 트리밍해서 뾰족하게 만든 첨두기(尖頭器)라 불리는 수렵용 석기는 일본열도의 구석기시대를 대표하는 정형성을 가진 전문적 석기이다. 이러한 전문 도구는 관리적 석기로도 불리는데 거주지 간을 이동할 때도 가지고 다니며 계속해서 사용하였다(그림 7-3).

한편, 남방에서는 도구의 주체가 석기이긴 하였지만 골각기도 활용되었는데, 동남아시아 등지에서는 대나무도 도구의 소재로 이용되었다고 생각되고 있다. 특정의 전문적 수렵구와 같은 도구는 필요 없고, 석기는 일찍부터 다양한 형태를 띤 박편으로부터 만들어 내었다. 많은 경우 박편 그대로를 사용하기도 하였는데, 이는 광역적 이동을 하지 않는 생활이었기 때

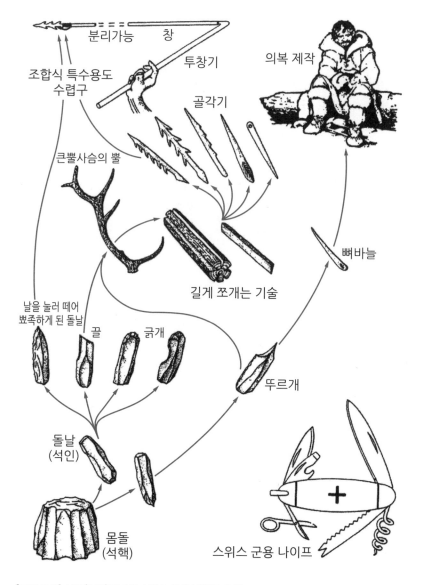

분리가능 창

조합식 특수용도
수렵구

투창기

의복 제작

골각기

큰뿔사슴의 뿔

날을 눌러 떼어
뾰족하게 된 돌날

끌

긁개

길게 쪼개는 기술

뼈바늘

뚜르개

돌날
(석인)

몸돌
(석핵)

스위스 군용 나이프

[그림 7-3] 석인(石刃)기법과 스위스 군용 나이프 효과
출전 : 河合信和 訳, 1994, 『現代人の起源論争 : 人類二度目の旅路』, どうぶつ社(p.219)

문에 수렵구와 같은 양질의 석재를 절약적으로 이용할 필요가 없었다. 거주지 주변으로부터 획득한 거칠고 조악한 석재로도 충분히 대량으로 소비할 수 있는 석기를 만들 수 있었고, 목적을 달성하기에 무리가 없었다. 박편 자체는 사용에 의해 곧 날이 마모되지만 재료가 많기 때문에 빈번히 석기를 바꿔가면서 그 목적을 달성했던 것이다.

3. 구석기시대의 생활 – 유동형 수렵민

1) 일본열도의 환경과 자원

일본열도에서 가장 오래된 인류의 흔적에 대해서는 몇 가지 설이 있지만, 모두 근거가 되는 물질자료는 매우 희소하다. 여기에서는 현생 인류가 본격적으로 출현하고 유적 수가 급증하는 후기구석기시대(38,000~16,000년전)에 대해서 설명하도록 한다.

아프리카에 기원이 있는 현생 인류 호모 사피엔스(Homo sapiens)가 일본열도에 도착한 것은 여러 고고학 증거로부터 보건대, 지금으로부터 약 38,000년전의 일이다. 이 시기는 MIS3(120,000~29,000년전)의 끝에 해당하는데, 빙하기이지만 다음 단계인 MIS2에 비해 상대적으로 따뜻했다[2]. 후기구석기시대에는 해수면이 지금보다 훨씬 낮았기 때문에 일본열

---

2 MIS란 해양산소동위원소스테이지(Marine oxygen Isotope Stage)의 이니셜을 딴 약자이다. 자연계에 존재하는 산소의 동위원소비를 통해 과거의 기온에 기초한 스테이지의 구분이다. 해저에 연속적으로 퇴적된 퇴적물을 샘플링한 보링 코어 속의 유공충 껍질의 산소동위원소 비율을 통해 고(古) 해양의 수온 변동을 추측한다.

도는 '대륙·사할린·지시마(千島)열도 남부와 육지로 연결되어 있던 고(古) 홋카이도(北海道)반도 / 혼슈(本州)·시코쿠(四国)·규슈(九州)가 하나의 섬이었던 고(古) 혼슈도(本州島) / 지금보다 육지가 훨씬 넓었지만 섬이었던 류큐(琉球)제도'의 세 지리적 단위로 구성되어 있었다. 구석기시대의 사람들은 해양을 이용하고 도항기술을 가지고 있긴 하였지만 일상적으로 사용하지 않았기 때문에 문화와 사회가 공통적으로 변화하는 범위는 이 3개의 지리적 단위에서 비롯된다(그림 6-3 참조).

갱신세에는 짧은 주기로 기후변동이 일어났기 때문에(그림 6-2 참조) 일본열도는 오늘날과는 대조적인 기후환경 아래에 있었다. 전술한 지리적 환경은 해양으로 보면, 동해 쪽의 열도 연안지역으로는 대양으로부터 난류가 들어오지 못하고, 쿠로시오 해류도 가까이에서 흐르고 있었다. 그렇기 때문에 구석기시대의 열도는 한랭하고 건조한 대륙성 기후에 속해 있었다. 이러한 불안정한 기후환경 때문에 유용한 식물자원에 의존하는 생활을 하지 못한 구석기인들의 주된 생업은 중대형 동물의 수렵이었다. 활엽수림이나 상록수림이 발달하여 삼림자원이 풍부해진 조몬시대 이후와 같은 자연환경은 열도 남안지역 극히 일부에 한정되어 있었다. 이러한 생활행동은 북방 유라시아의 현생 수렵채집민과 매우 닮아있다.

2) 고古 홋카이도北海道반도의 문화동태와 생활행동

특히나 한랭한 기후의 영향이 강했던 고(古) 홋카이도반도는 대륙과 직접 육지로 연결되어 있었던 때도 있었기 때문에 기후변동과 수렵 대상이었던 동물군의 변동에 맞추어 대륙의 문화적 영향을 강하게 받았다. 고 홋카이도반도에서 가장 오래된 현생 인류의 석기문화는 35,000년전에 등장한 고(古) 혼슈도(本州島) 북부 계통의 대형양석기(台形樣石器)[3] 석기군이며, 이어서 남방 계통의 기부(基部)를 가공한 석인(石刃) 석기군이 출현한

다. 이 무렵은 MIS3이라는 상대적으로
온난기에 속하기 때문에 고 혼슈도에 있
던 남방계의 나우만코끼리나 큰뿔사슴과
같은 동물군이 고 홋카이도반도까지 분
포를 넓혀가게 되면서 남방계의 수렵기
술을 가진 집단이 거주하고 있었다.

그런데 기후가 다시 한랭기로 접어들
면서 MIS 2 의 최후빙하극성기(LGM,
25,000~20,000년전)[4]가 되면 고 홋카이
도반도의 문화는 격변한다. 시베리아에
서 육로를 통해 전해진 북방계의 매머드
동물군이 남하하여 남방계의 나우만코끼
리-큰뿔사슴 동물군이 바뀌는 것과 동시
에 대륙계의 세석인(細石刃) 석기군이 고
홋카이도반도 전역으로 확산하였다. 매

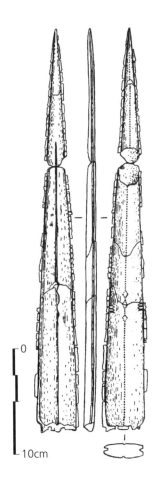

[그림 7-4] 시베리아의 세석인(細石刃) 창
출전 : 佐藤宏之·飯沼賢司 編, 2011, 『野と原の環境史』, 文一総合出版(p.58)

3　평면형태가 방형, 사다리꼴 등의 모양을 하고 편평한 날, 혹은 완만한 경사 날을 가진 석기
　　로 자루에 끼워 사용하는 수렵구이다. 일본어로 대형(台形)은 사다리꼴을 뜻하는 제형(梯
　　形)의 고친 이름이다.
4　지구의 기후역사 중 최후빙하기 중에서도 가장 추웠던 시기로, 빙하가 가장 넓게 퍼져 있던
　　최후의 시기이다. Last Glacial Maximum의 이니셜을 딴 약자로 우리나라에서는 최후빙하
　　극성기라 부르고 있다.

머드 동물군은 매머드·스텝으로 불리는 툰드라 초원에 적응한 동물군으로부터 구성되었기 때문에 인류 집단은 식물자원이 극단적으로 빈약한 자연환경 속에서 랭크가 높은 중대형 동물의 수렵에 특화된 수렵이 행동전략의 주체가 되었다. 이러한 자원 구조에 적응하기 위해 폭 1㎝ 이하의 초소형 석인(石刃)인 세석인(細石刃)을 양산하여, 이것을 뼈, 뿔, 나무와 같은 유기질 부재의 가장자리에 면도칼처럼 끼워 넣어서 창 모양의 도구로 사용한 세석인 석기군이 채용되었다(그림 7-4). 이러한 창은 사용에 의해 날이 파손되거나 마모되면 끼워 넣은 세석인을 교환만 하면 다시 새것처럼 사용할 수 있다. 세석인 자체가 매우 작기 때문에 흑요석 등의 산지가 한정된 석재를 극한까지 절약하면서 효율적으로 이용하는 것이 가능해진다. 이러한 기술 적응에 의해 넓은 범위에 분산되어 있는 대형 초식동물을 효율적으로 수렵할 수 있게 되었다.

일찍이 LGM(최후빙하극성기)이 끝나는 20,000년전 무렵이 되면 매머드 동물군 중 코끼리·소·대형 사슴 등의 대형 동물이 고 홋카이도반도에서 멸종하기 때문에 수렵 대상이 중소형 동물로 바뀌게 되는데, 세석인 석기군은 여전히 완신세 초기까지 계속되었다. 하지만 대상 동물의 변화와 연동하여 집단의 이동 생활 영역은 축소되었다.

3) 고古 혼슈도本州島의 문화동태와 생활행동

한편, 주위의 대륙으로부터 독립되어 있던 고 혼슈도에서는 열도 독자의 구석기문화가 번영했다. 출현과 변화에는 약간의 시기차와 지역차가 있지만 석인기법이 전반적으로 이용되었다. 석인의 형태로 봤을 때 뾰족한 부분과 양 측면의 날부분을 가공하여 모양을 잡은 각종 첨두형(尖頭形) 석기가 수렵구로 사용되었다. 이러한 첨두형 석기는 비교적 대형의 수렵구로 볼 수 있는데, 산지가 한정된 양질의 석재를 이용하였기 때문에 관리

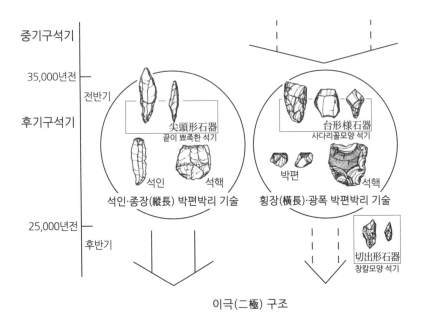

[그림 7-5] 이극(二極) 구조의 개념(佐藤宏之)

적 성격을 지닌 것이다. 반면 동시에 존재했던 대형양석기(台形樣石器)는 재지의 조악한 석재로부터 양산 가능했던 소형의 수렵구로, 임시적이고 소비적인 성격을 띤다. 이 양자의 석기에서 분명히 드러나는 차이를 석기 제작기술의 구조적 측면에서 본다면 매우 양극화된 현상이기 때문에 일본에서는 이극(二極) 구조로 불리고 있다. 고 혼슈도의 후기구석기시대를 대표할 수 있는 석기 제작·운용 기술의 기반을 이루고 있었다(그림 7-5).

  이러한 석기가 제작되고 운용된 배경에는 주체적인 생업이었던 수렵의 대상이 남방계의 나우만코끼리-큰뿔사슴 동물군이었기 때문이다. 고 혼슈도에서는 당시의 고 홋카이도반도처럼 툰드라 초원이나 듬성듬성한 숲이 있던 환경이 아니었다. 초원이 산발적으로 분포하고는 있었지만 기본적으로 한온대 침엽수나 침엽수와 활엽수가 혼재되어 있던 숲의 식생이 주체였고, 그러한 삼림 속에서 대형·중형·소형의 각종 동물을 수렵 대상으로 삼고 있었다고 생각된다. 또한 고 혼슈도에서는 고 홋카이도반도보다 일찍 LGM 개시기(25,000년전)에 즈음하여 대형 동물이 멸종한다.

대형 동물이 멸종하기 이전인 후기구석기시대의 전반기에는 집단이 광역적으로 이동하는 생활을 기본으로 하고 있었기 때문에 고 혼슈도 전역에 걸쳐 특징적인 석기군 구조를 보유하고 있었다. 그러나 대형 동물이 멸종한 이후인 후기구석기시대 후반기가 되면 일본열도 각지에서 다른 석기군으로 분화되는 양상을 띤다. 이러한 양상은 수렵의 주요 대상이 생식 범위가 보다 좁은 중소형 동물로 이행하는 양상과 같이하며, 집단의 유동생활 영역이 축소되고 지역사회가 성립되었기 때문으로 생각된다. LGM이 끝나고 기후는 따뜻해지게 되는데 기후의 단주기 변동은 계속되기 때문에 지역마다의 석기군은 매우 빠르게 변화한다. 축소된 생활 영역에서는 자원 구조의 변동 영향이 보다 강하기 때문에 사용하는 수렵구가 몇 번이고 변경되었기 때문으로 생각된다.

또한 고 류큐제도(琉球諸島)는 구석기시대의 자료가 적기 때문에 문화변화의 내용을 잘 알 수 없다.

4. 조몬시대의 생활 - 정착형 수렵어로채집민

1) 최후빙하기와 조몬시대 초창기

LGM 이후 15,000년전이 되면 갱신세 최후의 기후 격변기를 맞이하게 된다. 최후빙하기(만빙기, 15,000~11,700년전)로 불리는 이 격변기에는 일본열도뿐만 아니라 세계적인 규모로 빙하기가 끝나게 되고, 이후 완신세(현세, 11,700년전~현재)의 기후 안정기로 이행한다(그림 6-2 참조). 최후빙하기는 세계적으로 인정되는 기후 현상이었지만, 이 대규모 기후변동에 대한 인간의 문화적·사회적 응답은 각지에서 다르게 일어났다. 서아시아나 중국 등지에서는 밀이나 벼와 같은 일년생 곡물 농경의 본격적인 개발을 통해 정주 농경사회가 형성되었지만, 일본열도에서는 고도로 발달한 수렵채집사회가 계속되었다.

(1) 고古 혼슈도本州島

유동형 수렵민에 의한 지역사회가 발달한 후기구석기시대 말기의 고 혼슈도에서는 첨두기 석기군이나 세석인 석기군이라고 하는 새로운 석기군이 빠르게 확립하였다. 아마도 기후 환경변동에 따른 지역집단의 적응전략이 빠르게 동요되었기 때문일 것이다. 그리고, 최후빙하기 직전 16,000년전이 되면 아오모리현(青森県) 오다이야마모토 I (大平山元 I)유적에서 일본열도 최고(最古)의 토기가 출현한다.

최고(最古)의 토기가 출현한 직후, 기후 환경은 최후빙하기에 돌입하게 된다. 처음 토기가 출현한 후 바로 토기의 제작이 활발해졌던 것은 아니지만 차츰 제작이 보편화되면서 현재까지 이르게 되었다. 그렇기 때문에 토기의 출현을 조몬시대의 개시로 보는 의견이 유력하다. 일본열도뿐만 아니라 동아시아나 동북아시아에서는 세계에서 가장 오래된 토기가 각지에서 독립적으로 일제히 출현한다. 지금까지의 증거에 의하면 남중국에서는 20,000년전에 가장 앞서 토기가 출현했는데, 16,000년전에는 러시아 극동지방인 아무르강 하류역이나 바이칼 호수 주변 등지에서 토기가 출현했다. 토기가 출현한 이유에 대해서는 확실히 말할 수 없지만 조몬토기의 주요한 기능으로 상정되는 견과류의 쓴맛(타닌 성분)을 제거하기 위한 이유라고 할 수는 없다. 왜냐하면 최고의 토기가 분포하는 지역에서는 견과류를 채집할 수 있는 낙엽 활엽수림이나 상록수림이 분포하지 않기 때문이다. 러시아나 남중국에서는 수산자원의 이용과 관련된 기능으로 추정된다.

16,000년전에 시작된 조몬시대의 초창기는 최후빙하기가 끝나는 11,700년전까지 계속된다. 일본열도의 최후빙하기는 전반이 상대적으로 온난기에 속하고, 후반이 한랭기(영거 드라이아스기, Younger Dryas)에 속한다. 전반기가 되면 유적 수와 토기의 출토량이 증가한다. 특히 온난화가 조금 더 일찍 진행된 남큐슈에서는 그러한 양상이 현저했다. 수혈주거지로 이루어진 취락이나 화로자리, 집석(集石) 등 일반적으로 조몬시대의 유구라고 말해지는 흔적은 남큐슈에서 처음 나타난다.

최후빙하기 후반인 한랭기가 되면 유적 수가 감소하게 되지만, 한랭화에 적응하기 위해 수혈주거지의 건축이나 취락의 형성은 더욱 활발해진다. 초창기의 사람들은 정착적 생활의 경향이 강했지만 여전히 구석기시대적인 유동 생활도 병행하고 있었다. 기후변동(악화)의 영향을 강하게 받고 있었음에 틀림없다.

(2) 고古 홋카이도北海道반도

전술한 고 혼슈도와는 달리 고 홋카이도반도에서는 전혀 다른 양상을 띤다. 20,000년전에 대형 동물이 멸종한 후에도 광역적으로 이동하는 생활이 계속되었는데, 후기구석기시대 말기가 되면 행동 영역이 축소하게 된다. 하지만 여전히 일찍이 광역적 이동 생활과 함께 했던 세석인 석기군을 계속해서 보유하고 있었으며, 고 혼슈도에 보이는 지역화된 석기군의 분립은 나타나지 않았다. 오히려 복수의 다른 석기군이 동시기에 같은 지리적 공간 속에서 분포하기 때문에 유동 생활을 유지하면서 석기 재료의 획득과 소비, 생활 행동 패턴을 서로 다르게 하고 있었던 것으로 생각된다. 최후빙하기 전반의 상대적인 온난기에는 고 혼슈도 계통의 토기문화가 고 홋카이도반도에도 아주 약간 도달하였지만, 그 후 그러한 흔적은 사라진다. 본격적인 토기문화를 가진 집단이 홋카이도에서 분포를 넓혀가는 것은 낙엽 활엽수림의 출현과 거의 동시인 조몬시대 조기(9,000~8,000년전) 이후이다. 몇몇 사례를 제외하면 쓰가루(津軽)해협[5]은 구석기시대의 거대한 문화적 장벽이 되고 있었던 것이다.

2) 조몬문화의 성립 - 조몬시대 조기

일본열도의 조몬문화는 완신세에 열도에 성립한 낙엽 활엽수·상록 활엽수로 이루어진 삼림자원의 개발에 적응한 신석기문화이다. 완신세의 조몬시대 조기가 되면 기후가 온난·안정화되고, 빙하의 형태로 육상에 고정되어 있던 수분이 해수로 환류되어 해수면이 거의 오늘날의 레벨 근처까지 상승했다. 그 결과 홋카이도·혼슈·시코쿠·규슈로 분리된 현재 일본열도의 지리적 환경이 형성되어 대양의 해류가 열도의 연안 근처까지 흘러오게 되었다. 이로 인해 일본열도는 습윤한 해양성 기후로 변화했다. 근년 진전된 연구에 의해 조몬문화의 서쪽 한계 범위가 오키나와(沖繩)제도 이북까지라는 것을 알게 되었는데, 이는 열도의 해양성 기후로의 변화가 초래한 자연환경의 적응 과정에서 조몬문화가 성립한 것과 무관하지 않다.

낙엽 활엽수·상록 활엽수림은 견과류를 비롯한 풍부한 식물자원을 가져다 주었기 때문에 채집활동이 주된 생업 중 하나가 되었다. 또한 바닷속으로 들어간 대륙붕, 간만의 차, 해변은 새롭고 다양한 어패류라는 거대한 수산자원을 제공해 주었다. 이로 인해 구석기시대에는 거의 행해지지 않았던 어로가 새로운 중요 생업 수단이 되었다. 초원에 서식하던 대형 동물

---

5 홋카이도 남단과 혼슈 북단(青森県, 아오모리현) 사이에 있는 해협

에서 삼림에 서식하는 중소형 동물로 대상이 변화한 수렵은 활과 화살을 사용하게 되어 석촉의 제작이 활발해졌다.

조몬시대 조기가 되면서 조몬문화의 주요한 생활구조가 성립되어 기둥을 세우고 화로를 설치한 수혈주거지로 이루어진 취락이 형성된다. 고

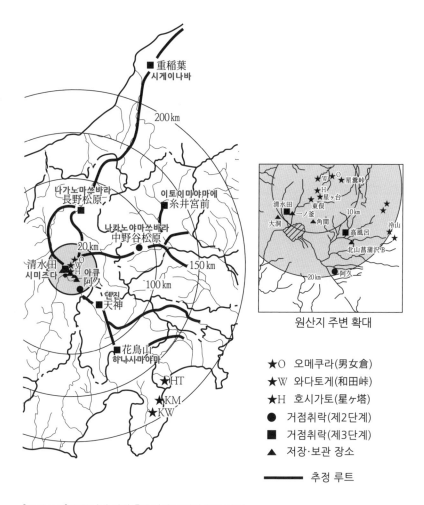

원산지 주변 확대

★O 오메쿠라(男女倉)
★W 와다토게(和田峠)
★H 호시가토(星ヶ塔)
● 거점취락(제2단계)
■ 거점취락(제3단계)
▲ 저장·보관 장소
━━━ 추정 루트

[그림 7-6] 조몬시대 전기 흑요석 유통권과 주요 유적
출전 : 大工原豊, 2008, 『縄文石器研究序論』, 六一書房(p.121)

도의 정착적 수렵채집사회가 완성된 것이다. 그러나 조몬시대의 본질은 수렵채집사회였기 때문에 조몬시대 중에 일어났던 소빙기로 불리는 소규모의 한랭한 기후가 정착성의 정도에 미치는 영향은 지대하여 지역이나 시기에 따라 유적 수(인구)가 크게 변동했다.

　　조몬사회는 지역 집단 간에 사회적 네트워크가 발달했다는 점이 큰 특징이다. 건축이나 도구를 만드는 데 사용된 재료나 소금과 같은 식량자원 이외의 자원을 그들이 생활했던 영역 밖에서 구할 수 있는 교환망이 잘 조직되어 있었다. 따라서 그러한 자원을 획득하기 위해서는 구석기시대의 유동적 사회에서 행동하던 전략과 같이 모든 것을 직접적으로 채취하는 데 구속될 필요가 없었다. 자원에 대한 리스크를 감소시키면서 상호 간의 목적을 달성하기 위한 호혜성(互惠性)에 입각한 생활자원의 안정적인 확보가 담보되는 시스템이 이미 조몬시대 조기에는 확립되어 있었던 것이다 (그림 7-6).

VIII.
농경민의 생활기술

후지오 신이치로
藤尾慎一郎

목표 & 포인트　조몬시대에는 없었던 농경민의 생활 기술로써 수전을 만들고 벼를 재배하는 농경 기술, 청동기나 철기를 만드는 금속기 제작 기술, 물과 토지를 확보하기 위해 다투던 싸움의 기술, 이 세 가지를 다룬다. 모두 수렵채집민들은 가지고 있지 않았던 생활 기술로, 일본열도에는 기원전 10세기~기원전 4세기에 걸쳐 한반도로부터 전해졌다. 싸움이나 금속기와 관련된 도구 및 기술은 세계사적으로 보더라도 곡물 재배를 생산 기반으로 하는 사회와 불가분의 관계였다.

키워드　수전, 관개시설, 환호취락, 용범, 재(滓), 무문토기, 무기형 제기, 동탁, 가단주철, 단야, 단조박편, 무기, 무구, 살상인골

1. 들어가며

1) 농경민 생활 기술의 특징

농경민은 본격적인 곡물 재배를 시작하더라도 채집, 수렵, 어로활동을 멈추지 않고 기존의 기술을 기반으로 해서 새로운 기술을 더하여 농경생활을 하였다. 새로운 기술 중에서 대표적인 것이 곡물 재배 기술, 금속기 제작 기술, 싸움의 기술이다.

서아시아나 유럽의 선사시대 사회에서는 곡물 재배나 가축이 시작되는 신석기시대에 싸움이 시작된다. 청동기나 철기 등 금속기를 이용하게 되는 것은 훨씬 뒤인 수 천년이 지난 청동기시대, 철기시대이기 때문에 세 기술은 농경민의 생활 기술로서 동시에 출현하지는 않는다.

일본열도의 경우에도 우선은 곡물 재배가 시작되고 100여 년 남짓 후에 싸움이 시작되었다. 그보다 500년 정도 늦게 금속기를 사용하기 시작하기 때문에 시간차가 나타난다. 그렇지만 모두 야요이시대로 부르고 있는 같은 시대에 일어난 일이었기 때문에 서아시아나 유럽과는 다른 상황으로 인식되어 왔다.

그러나 벼농사가 시작한 후로부터 약 600년 동안 금속기가 출현하지 않은 현상을 고려하면 그 기간을 신석기시대 최종말기로 시각을 달리하여 볼 수도 있는 것이다. 그러면 서아시아나 중국처럼 신석기시대 다음에 금속기시대가 온다고 생각할 수도 있게 된다.

문명이 발생한 지역에서는 농경이 시작되고 수 천년이 지나서야 나타나는 청동과 철이라는 두 금속기가 일본열도에서는 벼농사 개시기부터 수백년 정도의 짧은 시간을 지나서 나타나는 점이 일본열도의 특징이다. 일본열도가 동아시아 세계 문명의 중심이었던 중국으로부터 너무나도 떨어진 변방에 위치하고 있다는 점도 관련이 있을 것이다. 또한 청동기와 철기가 거의 동시에 출현하는 것은 한반도의 청동기문화와 중국 연(燕)나라의 주조철기문화라고 하는 두 문화복합체가 거의 동시에 전해졌기 때문이기도 하다. 여기에 일본열도 선사시대 사회에 있어서 금속기 출현의 가장 큰 특징이 있다.

2) 곡물의 출현

일본의 곡물 출현은 기원전 11세기 조몬시대 최종말기까지 올라간다. 산지로 둘러싸인 시마네현(島根県) 이타야(板屋)Ⅲ유적에서는

압흔1

압흔2

[그림 8-1] 일본 최고(最古) 쌀의 증거
島根県埋蔵文化財調査センター 소장(藤尾 촬영)

쌀의 압흔이 남아 있는 토기가 발견되었는데(그림 8-1), 수전이나 밭의 흔적, 농기구가 발견되지 않았기 때문에 실제로 이 땅에서 생산되었는지 알 수 없다. 따라서 확실히 수전에서 쌀을 만들었던 것이 분명한 기원전 10세기 후반 이후부터를 다루도록 한다.

2. 농경 기술

1) 수전을 만드는 기술

(1) 수전 조성의 의미

일본의 수전은 처음부터 입지를 고려하여 만들어졌다. 경사, 지하 수위의 높이, 기온, 강수량에 따라 수전 한 구획의 넓이나 급수·배수 시설을 해당 토지에 맞추었다. 특히 센다이(仙台)평야 이북의 도호쿠(東北)지방 중부·북부에 보이는 냉온대책을 마련한 수전은 세계에서도 그 유례를 찾기 어렵다.

이것은 농경민이 제한된 조건 속에서 가능한 한 생산량을 올리기 위해 자연환경에 대처한 적극적인 작용 중 하나라고 할 수 있다. 기원전 10세기 후반에 만들어진 일본에서 가장 오래된 수전인 후쿠오카시(福岡市) 이타즈케(板付)유적의 수전은 한 구획이 500㎡나 되는 대규모 수전으로 급배수 기능을 갖춘 관개시설이다.

토지를 구획하고 수로를 만들어 물을 대는 수전을 조성하는 일과 같은 대규모 토목공사가 조몬시대에도 없었던 것은 아니다. 환상(環狀)의 성토나 주제묘(周堤墓) 등의 사례로 보면, 투입되는 노동력이나 움직였던 흙의 양은 방대했다. 다만 조몬시대에는 토지가 가지고 있는 잠재적인 생산력을 해치지 않는 범위 내에서 행해졌던 점이 특징이다.

하지만 농경민은 단순히 작물의 수확량, 즉 생산량을 올리기 위한 목적으로 자연을 개변하여 인공적인 환경인 수전을 조성했다. 다시 말해 견과류가 여물고, 사슴이나 멧돼지가 사는 풍부한 숲을 파괴하는 일은 그 땅이 가지고 있는 잠재적인 생산력을 헤치는 것을 의미한다. 여기에 수렵·채집민과 농경민의 토지 개변에 대한 기본적인 인식의 차이가 있다. 수전은 농경민이 독자적으로 생각해 낸 토목공사인 것이다.

(2) 수전의 확산

야요이시대의 수전은 남으로는 미야기(宮崎)부터 북으로는 아오모리(青森)까지의 범위에서 확인된다. 기원전 10세기 후반에 규슈 북부의 겐카이나다(玄界灘) 연안지역에 출현한 수전은 기원전 8세기에 규슈 전역으로

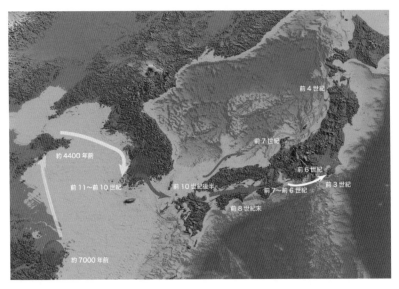

[그림 8-2] 동아시아 벼농사(수전도작)의 확산

확산하고, 기원전 8세기말~7세기에는 주고쿠·시코쿠(中国·四国) 서부, 오사카완(大阪湾) 연안으로, 기원전 6세기에는 이세완(伊勢湾) 연안까지 확산한다. 그 후 기원전 4세기에는 동해 쪽은 도호쿠(東北) 북부까지 태평양 쪽은 약간 늦어 기원전 3세기 말에 간토(関東) 남부까지 도달한다(그림 8-2). 간토 남부는 벼농사가 시작하는 시기가 혼슈(本州)에서 가장 늦은 지역이다.

기원전 2세기경부터 기원전 1세기까지는 야요이시대 중에서도 벼농사가 가장 넓게 확산하여 있었던 시기이다. 그러나 그 후 도호쿠지방 북부에서는 벼농사가 사라지고, 벼농사의 북한계선은 센다이(仙台)에서 야마가타(山形)를 잇는 선까지 남하한다.

(3) 수전의 구조 - 대구획과 소구획, 냉수冷水대책 -

다사키 히로유키(田崎博之)는 서일본과 북일본 수전의 차이에 대해서 다음과 같이 설명하고 있다(田崎 2002). 물이 생명인 수전은 토지를 평탄하게 만들어야만 했다. 경사가 있으면 물이 둑을 넘어 넘쳐버리기 때문이다. 그렇기 때문에 수평인 토지일수록 넓은 면적의 대구획 수전을 만들 수 있게 된다. 일본에서 가장 오래된 수전이 발견된 후쿠오카시(福岡市) 이타즈케(板付)유적에서는 단구(段丘) 위를 개간한 수전에 소규모 하천으로부터 수로를 뚫어 물을 끌어오는 방식의 간선수로를 갖추고 있었다. 간선수로에는 급배수 조절을 위해 보를 50m 간격으로 설치했다(그림 8-3).

서일본에서는 비교적 평지가 넓고 물이 풍부한 땅을 기점으로 해서 주변의 땅을 개간해 가면서 수전을 넓혀 나갔다. 즉 한 곳을 기점으로 점점 수전을 확대해 간 것이다. 한편, 북일본에서는 인접한 땅으로 넓혀가는 것보다도 약간 떨어진 땅에 수년의 사이클로 수전을 점점 개간하면서 결과적으로 수전의 면적을 확대시켰다. 또한 지력이 회복되기까지 경작을 기

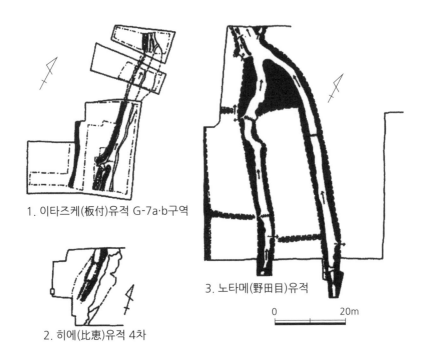

1. 이타즈케(板付)유적 G-7a·b구역

3. 노타메(野田目)유적

0   20m

2. 히에(比恵)유적 4차

[그림 8-3] 후쿠오카 평야의 초기 수전
출전 : 田崎博之, 1998, 「福岡地方における弥生時代の土地環境の利用と開発」『福岡平野
の古環境と遺跡立地－環境として遺跡との共存のために－」, 九州大学出版会
(pp.113~137)

다리는 소위 휴경을 의식한 구획의 존재도 상정되고 있다.

토지의 경사도 외에 또 중요한 것이 물의 이용 방식이다. 벼의 성장 과
정은 모내기 시점에서 여름까지 물이 대량으로 필요하지만, 그 후로 점점
물이 줄어드는 수확기의 가을처럼 계절에 따라 수위를 조절해야 한다. 이
때 중요한 것이 지하 수위의 높이이다. 지하 수위가 높으면 물을 빼기 위
한 배수 대책이 중요하고, 반대로 수위가 낮으면 물을 끌어오기 위한 급수
대책이 필요하다. 야요이인은 그 토지의 지하 수위에 맞추어 급배수 시설
을 만들었던 것이다.

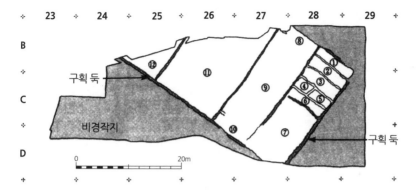

[그림 8-4] 센다이시(仙台市) 도미자와(富沢)유적의 수전
출전 : 斎野裕彦, 1991, 「仙台平野の弥生水田」『吉野ヶ里遺跡と東北の弥生』, 仙台市博物館(特別展図録)

　사이노 히로히코(斎野裕彦)는 센다이시(仙台市) 도미자와(富沢)유적에서 발견된 기원전 3세기의 수전에 대해서 다음과 같이 설명했다. 하나의 구획이 5~30㎡ 면적인 소구획 수전으로 지하 수위가 높은 습윤한 토지를 건조시키기 위해 배수 목적의 수로를 팠다(그림 8-4). 또한 눈이 녹은 물 등 냉수가 직접 수전으로 흘러 들어오지 못하게 보온과 수온 상승을 꾀했다. 한반도 남부나 서일본에서는 이러한 시설을 갖춘 수전이 아직 확인된 바 없다. 원래 벼 자체가 온난한 토지의 식물이기 때문에 사이노는 도호쿠지방의 차가운 땅에서 스스로 발달시킨 기술로 생각했다.

　아오모리현(青森県) 이나카타테무라(田舎館村) 다레야나기(垂柳)유적에서는 휴경하는 수전을 조성하거나 피를 작물로 추가하는 등의 복합적인 벼농사를 행한 것으로 알려져 있다. 근세의 도호쿠지방 수전에서는 논두렁에 피를 심어 쌀을 재배하지 못할 때를 준비했었다. 소위 구황작물의 기원이 야요이시대까지 올라갈 가능성을 보여주는 주목되는 유적이기도 하다.

2) 밭

밭이 확인된 사례는 수전에 비하면 매우 희소한 편이다. 보통 밭보다 낮은 곳에 있는 수전이 홍수에 피해를 입기 쉬운 것에 반해 밭이 홍수 때문에 잠겨 잘 남아 있는 사례는 희소하다. 오히려 밭은 고훈시대(古墳時代) 가고시마현(鹿児島) 이부스키시(指宿市)나 군마현(群馬県) 누마타시(沼田市) 등 화산재나 경석층 등 화산성 퇴적물로 덮여서 발견되는 경우가 많다.

드물게 홍수에 의한 모래에 덮인 상태로 발견된 사례가 기원전 6세기로 비정되는 도쿠시마시(徳島市) 쇼·구라모토(庄·蔵本)유적의 밭이다. 수전보다 높은 곳에 만들어진 기원전 6세기의 밭에서 이랑과 함께 조, 기장, 콩, 쌀 등이 발견되었다. 밭은 표고 1.7~1.9m의 완만한 경사면에 만들어졌고, 동서 17m, 남북 11m, 면적 187㎡에 달하는 장방형이다. 남북으로

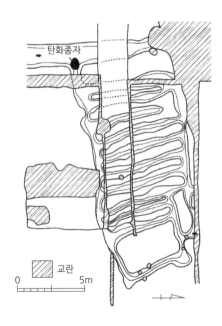

3줄, 동서로 약 10줄의 이랑, 급수로와 수구(水口), 배수로가 확인되었다(그림 8-5). 이 지구에서 발견된 조의 양은 쌀보다도 많았기 때문에 수전을 이용한 벼농사에 비해 밭을 이용했을 가능성이 높다. 밭보다 낮은 곳에서는 수전이 발견되었고, 관개용 수로와 크고 작은 둑, 이랑으로 세밀하게 구획한 소구획 수전이다.

[그림 8-5] 도쿠시마시(徳島市) 쇼·구라모토(庄·蔵本)유적의 밭

출전 : 中村豊 編, 2010, 『国立大学法人徳島大学理蔵文化財調査室年報2』, 徳島大学

[그림 8-6] 일본 최고(最古)의 청동기
출전 : 酒井仁夫 編, 1981, 『今川遺跡』, 津屋崎町文化財調査
報告書第4集

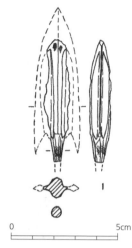

3. 금속기 제작 기술

1) 청동기 제작 기술

일본의 청동기는 기원전 8세기 말에 후
쿠오카현(福岡県) 이마가와(今川)유적에서 출
현했다(그림 8-6). 중국 동북지방에서 만들
어진 비파형동검의 파편을 이용해 깨진 면을 날로 재가공하여 화살촉처럼
작고 뾰족한 도구로 사용했다. 청동기의 본격적인 등장은 기원전 4세기
유력자의 무덤에 무기형 청동기가 부장되기까지 기다려야 한다.

주조는 기원전 3세기에는 확실히 시작되었다. 구마모토시(熊本市) 하
치노쓰보(八ノ坪)유적에서는 야요이시대 중기전반의 스구 I 식(須玖 I 式)
토기가 출토된 주조 관련 유구(그림 8-7)에서 동재(銅滓) 수 점과 노벽(爐

SX119 유물 출토 상황

SK091

[그림 8-7] 주조 관련 유구(기원전 3세기)
제공: 熊本市教育委員会

동과·동모(?)의 용범

청동기 용범

주조 슬래그　　　　　　　　주조 청동 파편

[그림 8-8] 주조 관련 유물(기원전 3세기)
제공: 熊本市教育委員会

壁)의 가능성이 있는 불에 탄 흙 등의 주조 관련 유물(그림 8-8)이 함께 출토되었다(林田 편 2006). 공방이라고 단정할 수 있는 유구는 발견되지 않았지만 부근에 존재했을 것으로 생각된다. 용범의 존재로부터 한반도식의 소동탁(小銅鐸) 1점, 세형동검 3점, 동모 1점이 제작되었음을 알 수 있다.

구리, 주석, 납의 합금인 청동기의 원료는 주로 한반도제 청동기를 녹여 낸 것으로 생각되어 왔지만 납동위원소비분석을 실시한 국립역사민속

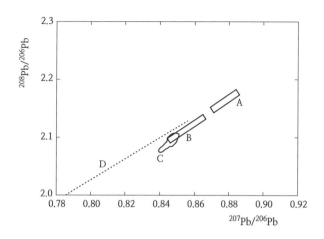

[그림 8-9] 납동위원소비 그래프
A: 화북산, B: 화중·화남산, C: 일본열도산, D: 한반도산
(齋藤努 작성)

박물관(이하, 역박)의 사이토 쓰토무(齋藤努)는 중국산과 한반도산 두 종류의 납이 사용되었음을 밝혀냈다(그림 8-9).

청동기를 제작한 공인들의 루트를 추측할 수 있는 실마리 중 하나가 한반도의 초기철기시대 토기이다. 기원전 6~5세기 한반도에 출현하는 구연부에 점토띠를 돌려 붙여 그 단면이 원형에 가까운 토기를 원형점토대토기라고 하는데(그림 8-10의 중앙), 이

[그림 8-10] 유적에서 출토된 한반도의 토기 세트
제공: 熊本市教育委員会

토기가 청동기 관련 유구나 유물과 함께 북부큐슈의 유적에서 출토되는 사례가 많기 때문에 한반도 출신의 공인이 어떠한 방식으로든 청동기 제작에 관여하고 있었던 것으로 생각된다.

만들어진 제품은 동검, 동모, 동과 등의 무기형 청동기, 의례 행위에 사용된 소동탁, 동경(銅鏡) 등이 주를 이룬다. 괭이나 가래 등과 같은 목제의 농기구 선단에 장착하는 청동의 날, 동착(銅鑿)과 같은 공구, 청동촉과 같은 무기 등의 이기(利器)는 그 수량이 적어 야요이시대의 청동기는 의기나 제기를 중심으로 한 중국 청동기문화의 한 가지로 평가할 수 있다. 유럽의 선사시대 등 서반구의 청동기가 이기로써 사용되고 발달되어 온 것과는 대조적으로 일본열도에서는 금속제 이기라고 할 수 있는 것은 역시 후술할 철기이다.

2) 철기 제작 기술

철은 함유되어 있는 탄소의 양 차이로 성질이 달라진다. 탄소량이 2% 이상인 것은 주철이라고 부른다. 무른 편이어서 농구나 검 등의 이기로 사용하기에는 적합하지 않고, 후세에 냄비나 불상으로 사용되었다. 탄소량이 2% 미만인 것은 강이라고 부르며, 주철에 비해 연성이 있고 찰기가 있기 때문에 이기나 무기로 사용되었다.

일본에서 가장 오래된 철기는 기원전 4세기 전엽 서일본에서 출현한다. 에히메현(愛媛県) 오쿠보(大久保)유적에서는 중국 동북지방에 기원이 있는 주조철기의 파편을 석기를 제작하는 방법으로 분할하거나 마연하여 만든 철기가 출토되었다. 도자(刀子)나 끌 등의 작은 철기를 제작하는 방식으로 재이용한 것이다(그림 8-11).

특히 단단하지만 무른 주철의 결점을 보완하기 위해 탄소량이 높은 주철의 날 부분 등에 탈탄(脫炭) 처리를 해서 탄소량을 낮추는 방식으로 찰기

[그림 8-11] 에히메현(愛媛県) 오쿠보(大久保)유적 출토 철기편
国立歴史民俗博物館(복제품), 愛媛県教育委員会(진품) 소장

를 올린 철기를 가단주철(可段鑄鐵)이라 한다. 이기로써 실용성을 높인 철은 중국 동북지방에 있었던 연(燕)이라고 하는 나라의 특산품이다.

노지마 히사시(野島永)는 연나라제 주조철기 파편을 석기 제작 방식으로 다양한 가공을 한 작은 철기에 대한 공정을 상정한 바 있다(그림 8-12). 노지마는 이러한 가공이 후쿠오카현 중부의 아사쿠라(朝倉)지역에서 행해져 서일본 각지로 확산한 것으로 파악했다(그림 8-13). 다만 이 무렵 철기는 끝이나

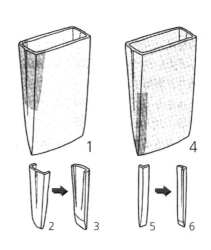

[그림 8-12] 주조철부 파편의 재이용 방법 모식도
(野島永 작성)

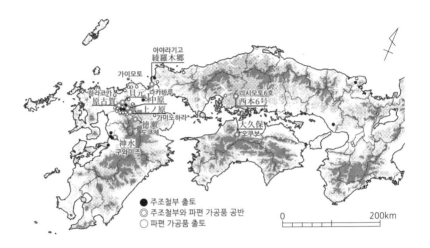

[그림 8-13] 주조철부 출토지
(野島永 작성)

도자 등의 작은 철기가 주류를 점하고, 용도도 목제 용기의 세부 가공 등
에 사용된 정도였기 때문에 완연한 철기시대로 진입했다고는 볼 수 없는
단계이다.

기원전 3세기에는 불을 이용해 만든 단조철기가 북부큐슈에 출현한다.
한반도에서는 보이지 않는 형태를 하고 있기 때문에 일본제라고 보는 설
도 있다.

단조철기는 불을 이용해서 고온의 상태로 만든 다음 두드리거나 단련
해서 만든 것이다. 단조철기의 소재로 사용된 것은 한반도 동남부의 변·
진한지역에서 만들어진 괴련철(塊煉鐵)이라고 불리는 탄소량이 낮고 부드
러운 철이다. 괴련철은 철광석을 제련로에서 직접 환원시켜 만든 것으로,
한반도 동남부에서는 기원전 1세기경부터 본격적으로 생산된다. 철 속에
는 많은 불순물이 포함되어 있기 때문에 그대로 철기를 만들 수는 없다.
철과 불순물을 분리시켜 철의 순도를 높이기 위한 처리, 즉 정련(精鍊) 작

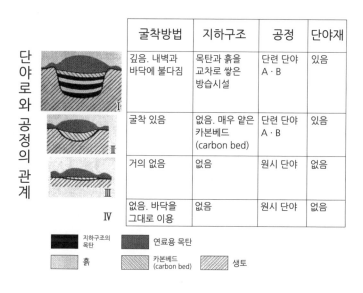

	굴착방법	지하구조	공정	단야재
I	깊음. 내벽과 바닥에 불다짐	목탄과 흙을 교차로 쌓은 방습시설	단련 단야 A·B	있음
II	굴착 있음	없음. 매우 얇은 카본베드 (carbon bed)	단련 단야 A·B	있음
III	거의 없음	없음	원시 단야	없음
IV	없음. 바닥을 그대로 이용	없음	원시 단야	없음

단야로와 공정의 관계

■ 지하구조의 목탄   ■ 연료용 목탄
□ 흙   ▨ 카본베드 (carbon bed)   ▨ 생토

[그림 8-14] 야요이시대 단야로의 형태
출전 : 村上恭通, 1998, 『倭人と鉄の考古学』, 青木書店

업이 필요하다. 일본열도에서는 4세기의 고훈시대(古墳時代)가 되어서야 정련이 시작되었다. 야요이인은 괴련철을 정련해서 만든 탄소량이 낮은 한반도의 철소재를 가공해서 철기를 만들었던 것으로 생각된다.

철기를 만들었다고 생각되는 단야공방의 흔적이 1세기 이후 주고쿠(中国) 산지나 산인(山陰)지방에서 다수 발견되고 있다. 무라카미 야스유키(村上恭通)는 단야로를 지하구조의 차이를 기준으로 4타입으로 분류한 바 있다(村上 1998). 그중 단접(가열한 철의 판과 판을 두드려서 붙임) 기술이나 탄소량의 조절 등 고도의 단야 기술을 구사하기 위해 필요한 화력을 낼 수 있는 것은 방습 설비를 완비한 단야로뿐이라고 한다([그림 8-14]의 Ⅰ·Ⅱ). 이러한 단야로는 규슈 북부·중부, 산인·주고쿠 산지에서 발견되었지만, 긴키(近畿)지방 중추부에서는 3세기가 되어서야 나타난다. 그렇기 때문에

[그림 8-15] 시마네현(島根県) 우에노(上野)Ⅱ 유적 출토 판상 철제품

출전 : 久保田一郎ほか 編, 2001, 『上野Ⅱ遺跡』, 日本道路公団中国支社松江工事事務所·島根県教育委員会

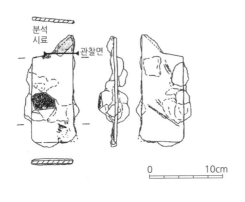

야요이시대에 고도의 기술이 사용된 철기 제작은 이러한 단야로가 확인된 지역에서 행해졌다고 생각된다.

철소재는 판상의 철제품이라 불리는 편평한 형태의 얇은 판으로(그림 8-15), 폭이 4.0~6.0㎝, 두께가 4㎜ 정도의 규격품이다. 재질은 주로 부드러운 연강(軟鋼)이 사용되었는데, 정이나 끌로 절단하기에 적당하다.

단야구 중 철제는 정이나 끌과 같은 도구 정도만 확인되었기 때문에 기본적으로는 석제가 사용되었을 것이다(그림 8-16). 받침돌 위에 가열한 철을 놓고, 둥근 돌로 두드리고, 갈돌로 마연한다. 공방의 바닥에는 고온으로 가열된 철을 두드릴 때 철 표면이 박리되면서 튀어 날아간 철의 파편인 단조박편이 다수 확인된다. 집게는 없었기 때문에 철을 잡을 때는 대나무나 작은 가지 등을 사용한 유기질제의 도구가 사용되었을 것이다. 철찌꺼기(鐵滓, slag)도 거의 나오지 않기 때문에 오사와 마사미(大澤正己)는 원시단야라고 부른다(大澤 2004).

수확구인 반월형 석도는 야요이시대에 철기화되지 않기 때문에 완전한 철기시대는 고훈시대부터라고 할 수 있지만 그 이외의 도구는 북부큐슈에서 야요이시대 후기 이후에는 거의 철기화된다. 그러한 의미에서 야요이시대 전기말~중기말은 초기철기시대라고 부를 수 있을 것이다.

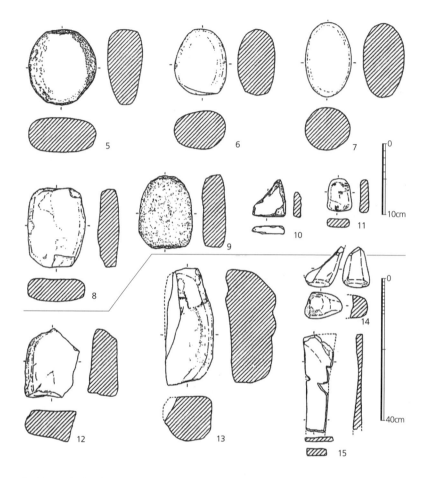

[그림 8-16] 야요이시대 단야유구 출토 석제 단야구

5~9·14: 망치(鎚), 10·11·15: 지석(砥石), 12·13: 다듬잇돌(金床石)

5~9·11~13: 구마모토현(熊本県) 후타고즈카(二子塚)유적, 9·10·14·15: 후쿠오카현(福岡県) 야스타케후카다(安武深田)유적

출전 : 村上恭通, 1994, 「弥生時代における鍛冶遺構の研究」『考古学研究』第41巻第3号 (pp.60~87)

4. 싸움과 관련된 기술

1) 싸움의 존재를 나타내는 고고학적 증거

싸움이 일어났던 것을 나타내는 고고학적 증거는 벼농사가 시작하고 부터 100년 정도가 지난 기원전 9세기 후반의 북부큐슈에서 확인된다.

후쿠오카시 나카(那珂)유적에서는 방어용 호를 파서 마을의 주변에 돌린 환호취락(그림 8-17)이, 이토시마시(糸島市) 신마치(新町)유적에서는 한반도계의 마제석촉이 꽂힌 채로 사망한 성인 남성의 유체가 매장된 지석묘(그림 8-18)가 발견되었다. 후쿠오카시 잣쇼노쿠마(雜餉隈)유적에서는 한반도계 마제석검과 마제석촉, 단도마연토기가 부장된 목관묘가 발견되었다(그림 8-19).

이러한 자료들은 마을을 지키기 위한 방어시설을 갖춘 취락(환호취

[그림 8-17] 최고(最古)의 환호취락 후쿠오카시 나카(那珂)유적(기원전 9세기)
제공: 福岡市埋蔵文化財センター

[그림 8-18] 최고(最古)의 전사자 후쿠오카현 신마치(新町)유적(기원전 9세기)
제공: 糸島市教育委員会

락), 무기, 전사자, 무기 부장이라고 하는 싸움이나 전사를 기리는 풍습이
존재했던 것을 나타내는 고고학적 증거들이다. 벼농사가 시작되고 100년
정도가 지나 이러한 증거들이 보이는 점은 중요하다. 당시 싸움의 원인은
물이나 토지를 확보하기 위해 생겨난 갈등이기 때문에 벼농사가 시작된
당초에는 부족하지 않았던
물이나 토지도 시간이 지
나면서 부족해지기 시작했
음을 의미한다(藤尾 1999).

[그림 8-19] 후쿠오카시 잣쇼노쿠마(雜餉隈)유적 출토품(기원전 9세기)
国立歴史民俗博物館(복제품), 福岡市埋蔵文化財センター(진품) 소장

2) 방어취락

마을 주변에 호(濠)나 토루, 목책과 말뚝을 돌린 환호취락이나 수전과의 비고차가 수십미터나 되는 높은 곳에 마을을 만드는 고지성 취락이 있다. 환호취락은 가고시마현(鹿児島県) 가노야시(鹿屋市)부터 지바현(千葉県) 사쿠라시(佐倉市), 니가타현(新潟県) 무라카미시(村上市)까지 넓게 분포하는데, 현재의 도네가와(利根川)를 넘어 도지키(栃木)나 이바라키(茨城)보다 북쪽에는 없다(그림 8-20).

고지성 취락은 기원전 7세기에 나타나 기원후 3세기까지 군마현(群馬県) 서쪽까지 분포한다. 벼농사를 생업으로 한 야요이시대에 일부러 불편한 높은 곳에 마을을 만든 것은 방어적 성격이 있었기 때문이다.

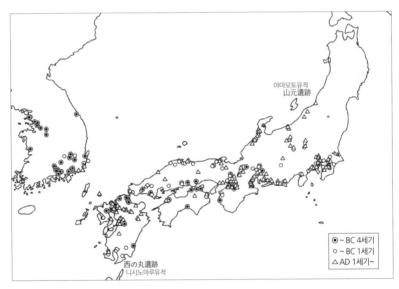

[그림 8-20] 한반도 남부 및 일본열도의 환호취락 분포

3) 무기와 무구

조몬시대에도 사람을 살상할 수 있는 도구는 있었지만, 야요이시대가 되면 살상하는 것을 목적으로 만들어진 도구, 즉 무기와 무기로부터 신체를 보호하기 위한 무구가 출현한다. 화살촉은 수렵용 도구로 조몬시대부터 사용되어 왔지만 움직임이 빠른 사슴이나 멧돼지를 멀리에서도 겨냥할 수 있는 가벼운 것이 많다. 야요이시대가 되면 날아가는 거리는 조금 포기하더라도 충격을 주는 대미지를 강하게 하기 위해 무거운 화살촉이 나타난다.

이렇듯 조몬시대부터 이어진 도구 외에 검(劍), 모(矛), 과(戈), 도(刀), 갑옷(甲), 방패(盾) 등이 한반도로부터 영향을 받아 새롭게 출현한다. 재질도 돌에서 청동, 철로 변화하고 점점 살상력을 높이는 쪽으로 변화해 간다.

석검은 거꾸로 쥐고 뒤에서 등이나 허리를 찌르는 방식으로 사용했다(그림 8-21)(藤原 2004). 잘 부러질 것으로 추측되는데, 이를 반영하듯 무덤에서는 선단부만 출토되는 사례가 많다. 예전에는 선단부만 부장했다고 생각했었지만, 아마도 찌른 후에 선단부가 부러져

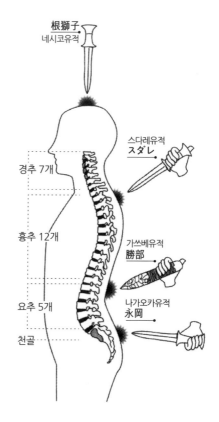

[그림 8-21] 살상인골로 복원한 검의 사용법

신체에 꽂힌 채로 남게 되고, 그것을 다시 뽑아내지 않고 매장한 결과로 판단된다.

4) 무력의 위세

죽은 사람에게 무기를 부장하는 행위는 기원전 9세기부터 시작된다. 처음에는 화살촉이나 석제의 단검이었지만, 기원전 4세기에는 청동무기나 한반도의 거울, 기원전 1세기의 나코쿠(奴国)왕이나 이토코쿠(伊都国)왕의 시대가 되면 중국 전한(前漢)의 황제로부터 하사받은 대형의 전한경이나 철검 등도 부장된다. 무기를 부장하는 행위를 통해 죽은 사람에 대한 무력의 위세를 추모했던 것이다.

5) 전장戰場

실제로 싸웠던 장소라고 판단할 수 있는 전장의 증거는 거의 없다. 그러나 이것이 야요이시대에는 싸움이 적었던 것을 직접적으로 의미하지는 않을 것이다.

실제로 에도시대 이전에도 전장의 흔적은 거의 발견된 바 없다. 문헌상에 전쟁이 있었던 것을 알 수 있는 중세의 성을 조사하더라도 아무것도 확인되지 않는다. 이것은 전쟁 후에 전사자는 승려에 의해 정중히 무덤에 매장되고, 무기는 모두 고물상으로 흘러 들어가 시장에서 유통되기 때문에 전장에는 사체도 무기도 아무것도 남지 않기 때문이다.

따라서 야요이시대에 유일하게 중국의 문헌에 기록된 싸움인 왜국란(倭國亂)의 존재를 나타내는 전장 등의 고고학적 증거가 발견되지 않는다고 해서 싸움이나 전쟁이 없었다고 간단히 말할 수 없다.

6) 싸움의 원인

북부큐슈에서는 살상인골의 분포로 보건대, 싸움이 언제 어디서 시작했고, 어떻게 확산하여 갔는지 알 수 있다. 벼농사가 시작해서 100년 정도가 지난 기원전 9세기 후반, 겐카이나다(玄界灘) 연안지역에서 시작된 싸움은 점점 평야의 하류역에서 중·상류역으로 확산되어 갔다. 이는 증가한 인구를 감당하기 위해 수전을 확대해 가는 과정에서 필요한 토지나 물을 둘러싼 갈등과 조정이 필요하게 되었을 때 그 문제를 해결하기 위한 정치적 수단으로 싸움을 선택했기 때문이다. 한반도 남부로부터 벼농사와 함께 전해진 문화라고 생각된다.

IX.
취락에 사는 사람들

사오토메 마사히로
早乙女雅博

목표 & 포인트   과거의 사회를 복원할 때 유구나 유적 중에서는 무덤이나 취락이
　　　가장 좋은 고고자료이다. 여기에서는 후자에 초점을 맞추어서 수혈(竪穴)주거지
　　　안에서 사람들이 어떻게 생활하였는지, 주거지 외에는 어떠한 건물이 취락을 구
　　　성하고 있었는지 유구를 분석하여 밝혀내고자 한다. 그리고 이러한 유구들이 모
　　　여 있는 유적으로서 취락의 구조에 대해서 지금까지 연구된 다양한 학설을 기초
　　　로 하여 각종 유구의 배치 등을 분석하면서 집단의 구조를 살펴보도록 한다. 또
　　　한 취락 속에서 집단의 통솔자가 출현해 가는 과정과 채집이나 농업생산뿐만 아
　　　니라 수공업생산에 종사한 공인(工人)취락의 출현에 대해서 구체적으로 발굴조
　　　사 사례를 소개하면서 역사의 흐름 속에서 어떻게 평가되어 왔는지를 알아본다.
키워드   수혈주거지, 거주공간, 화로(炉址)와 부뚜막, 고상(高床)건물, 공방, 환상
　　　(環狀)취락, 환호취락, 호족거관, 공인취락

1. 수혈주거지의 출현

1) 선사·고대의 주거지와 건물

구석기시대 사람들은 비바람이나 위험한 동물로부터 자신들을 지키기
위해 바위 그늘이나 동굴에서 거주했었는데, 한 곳에서만 머무르지 않고
식료 획득을 위해 짐승을 쫓아 이동하면서 살았다. 거주의 흔적은 평지에
서도 보이긴 하지만 지면에 아주 얕게 패인 자국이나 석기, 혹은 탄화물이
집중하는 지점을 통해 추정된다. 오사카부(大阪府)의 하사미야마(はさみ
山)유적에서는 직경 5~6m, 깊이 30㎝의 타원형 구덩이 속에 직경 14~
22㎝의 기둥 구멍 7개가 중앙을 향해 60~80도의 각도로 경사지게 파여
있었다. 조사구역에서는 타원형 구덩이의 절반 가량만 조사되었기 때문에
13개 정도의 기둥이 대각선 방향으로 세워져 있던 원추형의 지붕을 가진
건물로 추정되었다. 그 구조가 매우 간단하기 때문에 정주가 아닌 일시적

인 주거지로 생각된다. 가나가와현(神奈川県) 다나무카이하라(田名向原)유적에서도 구덩이는 확인되지 않았지만 직경 10m의 범위에 환상으로 둥근 돌들이 확인되었고, 그 안쪽으로는 탄화물이 분포하고 있었으며, 10군데에서 원형으로 흙이 검푸르게 변질된 부분이 발견되어 기둥 구멍 자리로 추정된 바 있다. 중앙에는 두 곳에서 화로 자리로 생각되는 불에 탄 흙이 집중적으로 발견되어 주거지로도 추정되었지만, 나이프형 석기, 다수의 박편, 석핵, 고석(敲石)이 출토되었기 때문에 석기를 제작하던 공방의 가능성이 높다.

조몬시대가 되면 지면에서 수직으로 파고 들어간 흔적과 벽, 바닥에 확연히 드러나는 기둥 구멍과 화로 등이 확인되는 수혈주거지가 출현한다. 초창기에는 아직 정주의 양상이 뚜렷하지 않지만 조기가 되면 여러 동의 수혈주거지가 취락을 구성하기 때문에 정주도가 높아지는 것으로 볼 수 있다. 그 배경으로는 빙하기가 끝나고 기후가 온난화되면서 식량자원이 풍부해진 것을 들 수 있다. 평면 형태는 원형, 타원형, 방형, 장방형이 있는데 조몬시대부터 야요이시대에는 원형의 주거지가 많고, 야요이시대 후기부터 고훈시대(古墳時代)에는 방형의 주거지로 변화한다. 조몬시대 중기 도쿄도(東京都) 시모노하라(下野原)유적에서는 기둥 구멍이 발굴되었

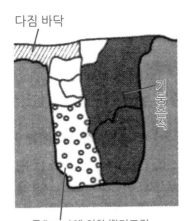

다짐 바닥

기둥흔적

롬(loam)에 의한 뿌리고정

[그림 9-1] 시모노하라(下野原)유적의 기둥 구멍 단면
출전 : 谷口康造, 2009, 「縄文時代の生活空間」『縄文時代の考古学8 生活空間—集落と遺跡群』, 同成社(p.9)

다. 직경 40~50㎝, 깊이 70~80㎝의 구덩이를 파고 거기에 직경 25~30㎝ 의 나무 기둥을 세워 구덩이와 기둥 사이를 흙을 채워 고정하였다(그림 9-1).

수혈은 주거지 외에도 사용되었다. 철제품을 만들기 위한 단야공방, 녹로를 설치하기 위한 구덩이가 확인된 토기제작 공방 등 거주 외에도 사용되었기 때문에 주거지나 공방 등을 아울러 수혈건물로 부르기도 한다. 수혈건물은 지면을 파서 바닥을 만드는 방식 외에도 편평한 지면을 그대로 바닥으로 하는 평지건물이 있으며, 지면보다 높은 곳에 바닥을 만드는 고상건물도 있다. 평지건물이나 고상건물은 수혈건물이라 할 수는 없지만 지표면에 파인 기둥 구멍의 흔적이 있기 때문에 그 특징을 고려해서 굴립주(堀立柱)건물이라 부른다. 바닥이 높은 곳에 위치하는 고상 건물 중에는 땅을 파고 바로 기둥을 세우는 것이 아니라 초석을 두고 그 위에 기둥을 세우는 초석건

[그림 9-2] 청동거울(家屋文鏡)에 표현된 건물
宮內庁書陵部 소장
출전 : 堀口捨己, 1948, 「佐味田の鏡の図について」『古美術』18-8, 寶雲舍(pp.54~55)

물도 있다. 사원의 금당이나 탑 등 지붕에 기와를 올리는 건물은 그 무게 때문에 기둥이 내려앉지 않도록 초석 위에 기둥을 세운다.

지붕의 구조는 청동거울에 새겨진 문양이나 집모양 토기로부터 알 수 있다. 나라현(奈良県) 사미타타카라즈카(佐味田宝塚)고분에서 출토된 청동 거울에는 가옥이 표현되어 있는데 팔작지붕과 맞배지붕의 두 종류의 지붕 이 있다. 난간이 붙은 계단이 있는 고상건물, 지면에 지붕이 접해 있는 수 혈건물, 벽이 있는 평지건물은 팔작지붕이고, 계단이 있는 고상창고는 맞 배지붕이다(그림 9-2).

청동거울에 그려진 이 건물들은 수장이 거주했던 건물로 생각된다. 지 붕은 고분에서 출토되는 집모양 토기(일본에서는 하니와(埴輪)라 부른다) 로부터 더욱 구체적인 구조를 알 수 있다. 집모양 토기로 표현된 건물은 평면형태가 장방형이거나 방형으로, 벽이 있는 사례가 많은데, 지붕이 2면 으로 된 맞배지붕, 4면으로 된 우진각지붕, 우진각지붕 위에 맞배지붕을 올린 팔작지붕의 세 종류가 있다.

실제 발굴조사를 통해 유구로 확인되는 경우는 평면 형태가 원형이 많 은데, 아마도 우진각지붕에 가까운 원추형의 지붕, 혹은 팔작지붕이었을 것으로 상정된다.

선사와 고대의 건물은 발굴조사에서 확인할 수 있는 유구로 볼 때 수 혈, 굴립주, 초석의 세 종류가 있고, 주거·제사·공방·창고·국(國)이나 군 (郡)의 관아·사원 등의 건물로 사용되었다.

2) 주거지 내의 공간 – 화로[1], 부뚜막과 공간의 이용 –

건물의 가장 일반적인 용도는 주거이다. 조몬시대의 수혈주거지는 원 형이 많은데, 바닥에 4~6개의 기둥을 세워서 지붕을 얹힌다. 방의 중앙이 나 기둥과 기둥 사이의 공간에 조리나 난방, 조명의 기능을 하는 화로를 설치하고, 벽의 한편에 출입구가 있다. 바닥 위에서 불에 탄 흙만 발견되는 지상화로나 주위를 돌로 돌린 위석식(圍石式) 화로가 많은데, 항아리를 바닥에 묻고 아가리 부분의 안쪽을 화로로 사용하는 사례(埋甕爐)도 확인된다. 화로 주변(기둥으로 둘러싸인 내부)의 바닥은 딱딱하게 굳어 있고, 기둥과 벽 사이의 바닥은 그렇지 않기 때문에 화로 주위는 조리, 식사, 거실과 같은 기능, 수혈의 벽쪽은 침소와 같은 기능으로 공간을 분할하여 이용했다고 생각된다.

서일본에서는 5세기가 되면 화로에서 부뚜막으로 변화하고, 6세기가 되면 전국적으로 부뚜막으로 교체된다. 부뚜막은 방형의 수혈주거지 한 변에 접해 불을 때는 입구가 있고, 좌우에 소매라고 불리는 둑 모양의 흙더미 위로부터 부뚜막의 천정을 지나 밖으로 나가는 연도(煙道)가 나 있는데, 이를 통해 연기가 빠져나간다. 부뚜막은 중앙에 뚫린 구멍에 항아리를 놓고 그 안에 바닥에 구멍이 뚫린 시루를 위에서 꽂아 조리하는 시설이다. 부뚜막은 한반도 남부에서 전해졌기 때문에 이와 함께 시루도 전해진 것이다. 그전까지 항아리를 끓여서 조리하다가 시루로 찌는 새로운 조리법이 더해진 것이다.

화로에서 부뚜막으로 변해가면서 주거지 중앙에 화로가 없어진 공간의 이용이 가능해졌다. 지바현(千葉県) 구사카리(草刈)유적의 방형 수혈주거지에서는 기둥 구멍에서 벽으로 뻗은 폭 10㎝ 정도의 도랑이 확인되었는데, 벽쪽에는 저장구덩이가 있었다(그림 9-3). 도랑에는 칸막이와 같은 판이 세워져 있어 공간을 더욱 구분하고 있었던 것으로 추정된다. 부뚜막

---

1 한국고고학에서는 보통 노지라 부른다.

주거지 실측도

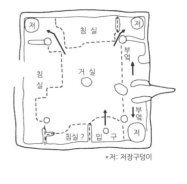

★저: 저장구덩이

주거공간 이용의 복원

[그림 9-3] 구사카리(草刈)유적 수혈주거지의 공간 이용

출전 : 渡辺修一, 1985, 「古墳時代竪穴住居の構造的変遷と居住空間」『研究連絡紙』11, 千葉
県文化財センター(p.16)

이 있는 벽쪽에는 저장구덩이가 있는 취사장으로, 4개의 기둥으로 둘러싸
인 공간은 거실로, 기둥에서 벽으로 뻗은 도랑으로 구획된 공간은 침소로
추정된다. 바닥은 거실이 단단하고, 침소가 상대적으로 부드러워 화로가
있는 수혈주거지의 바닥과 마찬가지의 양상을 띤다. 주거지 안에 파인 저
장구덩이는 식량을 보존하기 위한 시설인데, 식기로써 토기가 출토되는
사례도 있다.

세키노 마사루(関野克)는 수혈주거지에 살았던 사람 수를 「바닥면적÷
3㎡(1인분의 공간)-1(기둥이나 화로 등이 차지하는 공간을 1인분으로 가
정)」로 계산했다. 지바현 우바야마(姥山)패총 B지점 9호 주거지는 평면 형
태가 원형으로 바닥면적은 12.2㎡이다. 여기에서는 4명에 해당하는 인골
이 겹친 상태로 확인되었는데, 성인남성 2명, 성인여성 1명, 미성년 1명이
다. 그 외 또 다른 1명(노년여성)이 약간 떨어진 곳에서 정연한 상태로 발
견되었다. 노년여성 1명은 주거지가 폐기된 후 매장되었을 것이라는 설을

따르면, 12.2㎡에 4명이 살았던 것이기 때문에 세키노 마사루의 계산식에 의한 3명에 가깝다. 이 계산식을 이용해 주거지 수로 취락의 대략적 인구를 구해볼 수 있다.

3) 굴립주건물과 주거지 이외의 건물

굴립주건물은 지표면에 기둥 구멍만 확인되는데, 기둥 구멍이 보통 전(田)자 모양의 배치를 하고 있으면 고상창고, 구(口)자 모양으로 주위에만 배치되어 있는 건물은 고상창고나 평지건물(주거지 포함)로 본다. 야요이 시대의 고상창고는 대들보가 1칸이 되는 경우가 많은데, 시즈오카현(静岡県) 도로(登呂)유적에서는 1칸×3칸의 구(口)자형으로 배치된 기둥 구멍이 확인된 바 있다. 고훈시대(古墳時代)가 되면 와카야마현(和歌山県) 나루타키(鳴滝)유적의 사례처럼 4칸×4칸의 고상창고가 발견되는 등 대형창고도 출현한다.

부뚜막이 설치된 방형의 수혈주거지는 동일본에서 헤이안(平安)시대까지 이어지지만, 기나이(畿内)지방에서는 5~6세기 무렵 굴립주의 평지주거지가 일부에서 출현하고, 7세기가 되면 수혈주거지가 보급된다. 기나이 지방의 5~6세기 굴립주 평지주거지에서는 한반도 계통의 토기(韓式系土器)가 출토되기 때문에 이러한 주거지는 도래인에 의해 전해진 것으로 생각된다. 평지건물은 벽이 수직으로 올라가는데 바닥에는 식물로 엮은 깔개나 나무판을 깔기도 했다. 다만 평지건물 모두를 주거지로 볼 수는 없고, 수혈주거지와 나란히 배치되어 있는 경우에는 제사 등의 다른 용도로 사용된 것으로 생각된다.

건물을 지탱하는 큰 기둥이 없이 방형이나 장방형으로 도랑을 파고, 그 안에서는 다수의 작은 기둥 구멍이 발견된 유구도 있다. 한 변이 10m를 넘는 대형이 많고, 작은 기둥 구멍에 기둥을 세우고 가로로 나무를 걸친 다음 빈 공간을 작은 가지들로 세우고 흙으로 발라 견고히 해서 벽으로 만들었다. 즉, 기둥이 아니라 벽으로 지붕을 받치는 구조인데, 대벽건물(大壁建物)이라 불리는 평지건물이다. 한반도의 삼국시대 유적에서 이러한 유구가 확인되기 때문에 한반도의 영향으로 생각된다.

화로나 부뚜막을 가진 일반적인 주거지와 같은 구조인 수혈주거지에서도 스에키(須惠器) 제작에 사용된 타날(打捺) 도구, 단야와 관련된 철재(鉄滓, slag), 구슬을 제작했던 흔적인 미완성품 등의 수공업 생산과 관련된 유물이 출토된 경우, 생산에 종사하던 사람들이 거주했던 시설로 볼 수 있다. 수혈건물 안에 단야로나 녹로가 설치되었던 구덩이가 확인된 경우에도 주거지라기보다는 공방이었을 것이다. 취락에서 떨어진 곳에 있는 수혈건물은 만약 근처에 고분군이 있고, 바닥에 돌을 깔았거나 일상생활과는 관계없는 특수한 유물이 출토되었다면 빈옥(殯屋, 빈소)으로 해석되고 있다. 이처럼 흙을 파서 만든 수혈건물은 주거지가 많지만 사람들의 생활 속에서 다양한 용도로 사용되었다.

2. 취락과 사회구조

1) 조몬시대의 환상環狀취락

취락은 주거지를 중심으로 하여 생활에 필요한 여러 시설인 저장구덩이, 창고, 우물, 제사시설 등이 일정 범위 안에서 만들어져 있고, 사람들이 집단을 이루며 정주하면서 생활했던 장소이다. 정주성을 나타내는 유구로써 집밖에 만들어진 저장구덩이를 들 수 있다. 조몬시대의 저장구덩이는 단면이 주머니 모양, 플라스크 모양 등이 있는데 지하로 판 구덩이의 바닥이 입구에 비해 넓다. 그 안에서는 호두, 밤, 도토리 등의 견과류가 출토되는 사례가 많기 때문에 식물 저장의 기능을 했다. 이러한 형태의 저장구덩이는 주로 동일본에 분포하는데, 서일본에서는 구덩이의 형태가 원통형이 많다. 수렵채집사회에서는 획득할 수 있는 식료의 종류가 계절에 따라 정해지며—견과류는 가을에 수확—, 해마다 획득할 수 없기도 하다. 따라서

저장을 해두면, 안정적으로 식료를 확보할 수 있어 정주가 가능해지고, 이는 인구의 증가로 이어졌다. 조몬시대 전기부터 저장구덩이가 대형화되는 동일본에서는 환상취락과 같은 대규모 취락이 출현한다.

환상취락은 중앙에 광장과 같은 공간이 있고, 그 주위에 다수의 수혈주거지나 굴립주건물, 저장구덩이가 원형으로 둘러싸는 형태로 긴 시간 동안의 정주에 의해 형성된다. 광장에는 무덤이 만들어지는 경우도 있다. 이와테현(岩手県)의 조몬시대 중기 니시다(西田)유적은 직

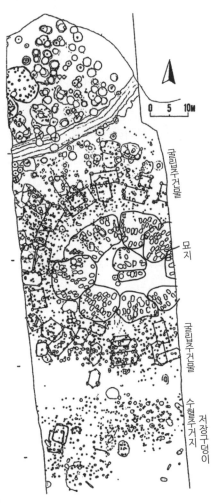

[그림 9-4] 니시다(西田)유적의 환상취락
출전 : 岩手県埋蔵文化財センター, 1985, 『岩手の遺跡』(p.91) 개변

경 120m의 원형 구획 내에 안에서부터 192기의 무덤군 〉 53동의 굴립주
건물군 〉 35동의 수혈주거지군과 129기의 저장구덩이군이 동심원상으로
배치된 대규모 환상취락이다(그림 9-4). 주거지와 저장구덩이는 가장 외
측에 자리하고 있는데, 이 둘은 혼재되어 있다. 조사구역이 남북으로 긴 편
이어서 동서쪽으로는 조사구역 밖으로 훨씬 더 많은 수의 주거지가 있었
을 것으로 생각된다. 중심부에 병렬적으로 배치된 다수의 무덤은 안팎으
로 2개의 군집으로 나누어지는데, 외측에 있는 많은 무덤들은 장축이 중
심을 향하고 있고 더욱 세분하면 8개의 군집으로 나눌 수 있다. 무덤군 바
깥으로 배치된 굴립주건물은 화로가 없다는 점에서 주거용이 아니라 무덤
과 관련된 건물이라 생각되고, 각각의 무덤군에 대응해서 나눌 수 있으며,
수혈주거지 역시 무덤군에 대응해서 나눌 수 있다.

　　일찍이 1960년대에 미즈노 마사요시(水野正好)는 나가노현(長野縣) 요
스케오네(与助尾根)유적의 수혈주거지 분포와 출토유물을 분석하여 취락
의 구성 단위에 대해 논한 바 있다. 이 유적에서는 석주(石柱), 혹은 토우·
석봉(石棒)을 가진 주거지와 그렇지 않은 주거지가 2동으로 하나의 단위를
이루는데, 그것이 다시 3단위로 모여 하나의 군을 이루는 2개의 군으로 취
락이 구성되어 있다는 것이다. 조몬시대의 취락구조에 대한 선험적인 연
구라 할 수 있다. 하나의 단위가 가족이고, 군은 혈연집단이며, 이 2개의
혈연집단이 모여 취락을 구성한다. 이러한 취락구조를 분절구조라고도 부
르는데, 환상취락도 복수의 군(혈연집단)이 모인 분절구조로서 분석하는
것이 가능하다.

2) 야요이시대의 환호취락
　　농경사회로 들어간 야요이시대가 되면, 취락 내에 생산된 곡물을 저장
하는 고상창고가 출현한다. 그리고, 주거지와 무덤이 세트가 되었던 조몬

시대의 취락과는 달리 무덤이 취락에서 떨어진 곳에 만들어진다. 취락 안에는 특별한 굴립주건물을 만들어 놓기도 하였고, 대규모 취락은 주위에 도랑을 깊게 파서 돌려 바깥 공간과 구별을 하는 환호취락이 출현했다. 그 배경에는 벼농사라는 공동작업이나 수확물을 창고로 관리하는 유력자가 나타났고, 그들이 집단을 통솔하기 위한 제사를 지내며, 경제적인 부의 축적이나 인구 증가와 함께 전쟁이 일어나는 등 여러 복합적 요인이 작용했을 것이다. 이로 인해 취락을 지키기 위한 방어적 성격의 환호가 발생한 것으로 생각된다.

시즈오카현(静岡県) 야요이시대 후기의 도로(登呂)유적은 계곡을 끼고 취락을 구성하는 유구들이 동서의 두 무리로 나누어진다. 동쪽에는 수혈주거지와 고상창고(굴립주건물)가 하나의 단위를 이루는데, 미발굴조사구역을 포함해 10단위 정도로 구성된 취락으로 추정된다. 거주역 동쪽에는 길이 6.9m의 대형 굴립주건물 1동이 있는데, 그 근처에서 제사유물인 복골(卜骨, 점치는 뼈)이 출토된 점으로 미루어 보아 제사관련 건물로 생각된다. 묘역은 조사되지 않았지만 취락 남쪽으로 폭 1.1m의 도랑을 사이에 두고, 크고 작은 둑으로 구획한 사방 3m 정도의 수전(水田)이 펼쳐져 있었다. 취락에 살았던 사람들은 벼농사를 짓고 있었던 것이다.

유적에서는 물고기나 사슴·멧돼지의 뼈, 수렵과 어로를 위한 낚싯바늘, 그물추, 석촉을 비롯해 도토리 등의 견과류도 출토되었기 때문에 벼농사가 시작되었다 하더라도 조몬시대부터의 전통을 이은 다양한 식량자원을 획득하고 있었다.

취락 내에서 확인된 제사건물 중 유명한 사례로 오사카부(大阪府) 이케가미소네(池上曽根)유적의 환호취락을 들 수 있다. 직경 320m의 환호 내부의 중심부에서 길이 약 19.3m의 대형 굴립주건물이 1동 조사되었는데, 그 남쪽으로 소형의 굴립주건물군 구역, 더 남쪽으로는 수혈주거지군 구

역이 있어 주거지와 창고로 생각되는 건물이 분리 배치되었다. 환호 외부
에는 환호 내부에서 살고 있던 사람들의 무덤군이 있는데, 묘제는 방형주
구묘(方形周溝墓)이다. 환호취락과 무덤군의 분리는 동일본의 요코하마시
(橫浜市) 오쓰카(大塚)유적―환호취락―과 사이카라도(歲勝土)유적―방형
주구묘군―에서도 확인된다. 오쓰카유적에서는 약 100동의 수혈주거지를
5시기로 구분할 수 있는데, 동시기에 약 20동 정도로 이루어진 환호취락
이다. 20동은 서군, 북군, 동군의 3개소로 나누어지는데, 각 군에서는 1~2
동의 고상창고가 확인된다.

　가장 발전된 모습을 보이는 환호취락이 바로 사가현(佐賀県) 요시노가
리(吉野ヶ里)유적이다. 야요이시대 후기의 환호로 둘러싸인 내부에는 도
랑으로 더욱 세분된 구획이 확인되는데 남내곽(南內郭)과 북내곽(北內郭)

[그림 9-5] 요시노가리(吉野ヶ里)유적의 남내곽(우)과 창고군(좌)
제공: 佐賀県教育委員会

이라 한다. 방형에 가까운 형태의 남내곽 내부에서는 복수의 수혈주거지가 조사되었는데, 거기에서는 일반인들과는 구별된 유력자의 가족이 살고 있었다. 북내곽에서는 1동의 대형 굴립주건물이 포함된 굴립주건물군과 소수의 수혈주거지가 조사되었는데 제사구역으로 추정되었다. 내곽의 입구 양측에는 망루가 세워졌고, 환호 안이지만 일반인과는 단절된 공간을 만들었다.

고상창고는 환호 밖에 다수가 군집을 이루고 있는데, 환호를 끼고 남내곽이 위치하고 있기 때문에 유력자에 의해 관리되었다고 생각된다(그림 9-5).

이처럼 야요이시대의 취락에는 고상창고의 출현이 돋보이는데, 그 위치가 주거구역 안에 있기도 하고 별도의 구역에 집중되어 있기도 하는 등 취락마다 그 관리방법에 차이가 있었음을 유추해 볼 수 있다. 또한 취락의 중심이나 인접한 주변부에 주거군과 분리되어 대형 제사건물을 갖춘 취락도 나타났다.

환호취락이 야요이시대 조기후반에 출현한 후 거의 전시기에 걸쳐 보이는 것에 반해, 조망이 좋고 해발고도 100m를 넘는 아주 높은 곳에 위치하는 고지성 취락도 존재했다. 야요이시대 중기에는 세토우치(瀨戶內)지방 중부와 오사카완 연안지역에, 후기에는 긴키(近畿)지방과 그 주변에서 나타나는데, 일본열도 전역으로 보면 한정적인 분포 범위를 보인다. 오카야마현(岡山縣) 가이가라야마(貝殼山)유적(표고 284m), 효고현(兵庫縣) 에게노야마(会下山)유적(표고 200m의 능선 위) 등을 대표적인 사례로 들 수 있는데, 평지에 만들어진 취락에 비해 방어적인 성격이 강했던 것으로 생각된다.

환호취락은 야요이시대가 끝나갈 무렵 전국적으로 일제히 소멸하게 되는데, 그 배경에는 취락이나 취락군을 초월한 보다 광범위한 지역을 지배하는 수장이 나타나 광역 지배가 가능해진 안정된 사회가 되었기 때문에 더 이상 취락에 환호가 필요 없어지게 된 것으로 생각해 볼 수 있다.

3) 고훈시대古墳時代의 호족거관豪族居館

야요이시대의 대규모 취락이 해체되면서 1~3동의 주거지로 구성된 건물군이 한 단위가 되는 중소형 취락이 많아지게 된다. 환호취락 내부에 살고 있던 유력자는 취락 밖에서 독립된 방형의 구획 안에 살게 된다. 이 방형 구획 안에는 일반 취락을 통솔하는 수장의 주거지나 제사를 지내는 건물 등이 있는데 호족거관이라 부른다. 지배층은 야요이시대에 비해 더욱 일반 취락과는 독립된 모습을 보인다. 그들은 취락, 혹은 취락군의 범위를 초월한 광범위한 지역을 지배하는 수장이 되어 전방후원분(前方後円墳) 등의 고분 피장자가 되어 간다.

[그림 9-6] 미쓰데라(三ッ寺) I 유적의 복원 모형
제공: 高崎市立かみつけの里博物館

군마현(群馬県) 미쓰데라(三ツ寺) I 유적은 5세기 말에서 6세기 초에 하루나후타쓰다케(榛名二ツ岳)라는 화산의 폭발로 인해 매몰된 상태로 보존되었기 때문에 당시의 양상을 잘 보여주고 있다. 해자로 둘러싸인 한 변 약 86m의 방형 구획 안에 다시 목책을 세워 두 공간으로 분리하였는데, 북쪽에는 수혈건물이 2동 이상 있고, 남쪽에는 대형 굴립주건물을 비롯한 장방형이나 소형의 굴립주건물, 우물, 바닥에 돌을 깐 시설 등이 발굴되었다(그림 9-6). 발굴범위는 방형 구획의 일부(그림 9-6의 아래쪽)에 해당하지만 여기에서 확인된 대형 굴립주건물은 이 지역의 수장거관으로 생각된다. 대형 굴립주건물은 내측으로 3칸×3칸의 기둥열이 있고, 외측에는 8칸×8칸의 기둥열이 배치되어 있는데, 외측 기둥열로 둘러싸인 넓이가 13.5m×11.7m이다. 내측 기둥열 내부에서는 기둥 구멍이 발견되지 않았기 때문에 고상식(高床式)이 아닌 평지식 건물로 추정되며, 수장이 거주하면서 제사를 지내거나 정치적인 행위가 이루어졌던 시설로 생각된다(그림 9-6). 한편, 인근의 군마현(群馬県) 겐노조(原之城)유적에는 중앙에 대형 굴립주건물이 위치하는데, 그 동쪽에는 한 변이 12.7m의 대형 수혈건물이 배치된다. 수혈건물이 수장의 거주 시설로 생각되기 때문에 전술한 미쓰데라(三ツ寺) I 유적의 미발굴 조사구역에 수장의 수혈건물이 있을 가능성도 있다.

군마현(群馬県) 구로이미네(黒井峯)유적은 하루나후타쓰다케(榛名二ツ岳)의 6세기 전반 분화에 의해 두께 2m의 화산재로 덮여 매몰되었기 때문에 일본의 폼페이라고도 불리는 유명한 유적이다. 건물의 벽이나 지붕이 그대로 쓰러진 채 남아있었기 때문에 상부구조도 복원해 낼 수 있었다. 이에 따르면 수혈주거지의 지붕에는 두께 5~10㎝로 흙이 덮여 있었다. 취락은 도로에 의해 크게 세 군으로 나누어지는데, 각각의 군은 2~3단위로 이루어진다. [그림 9-7]의 'Ⅱ, Ⅲ, Ⅰ·Ⅳ가 1군', 'Ⅵ, Ⅴ가 2군', 'Ⅶ이 3군'이

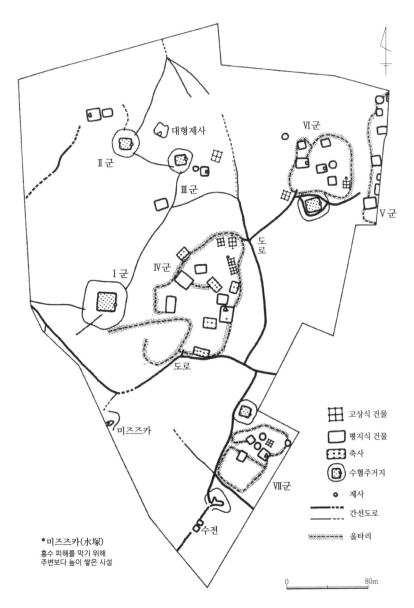

대형제사

VI군

II군

III군

V군

I군

IV군

도로

미즈즈카

도로

⊞	고상식 건물
☐	평지식 건물
▦	축사
◎	수혈주거지
o	제사
━	간선도로
┅	
░	울타리

VII군

수전

*미즈즈카(水塚)
홍수 피해를 막기 위해
주변보다 높이 쌓은 시설

0   80m

[그림 9-7] 구로이미네(黒井峯)유적
출전 : 石井克己, 1990, 「黒井峯遺跡」『古墳時代の硏究2 集落と豪族居館』, 雄山閣(p.169)

다. 1군을 살펴보면 I 에는 대형의 수혈주거지가 있고, IV에는 잡목을 엮어서 만든 울타리 안에 평지건물(부뚜막 설치)과 고상건물이 있는데, 이정도가 하나의 생활단위가 된다. 같은 군 내의 II는 소형의 수혈주거지와 울타리로 둘러싸여 있지 않은 평지건물로 이루어져 있는 하나의 생활단위이다. 이렇듯 농촌 취락 안에는 복수의 단위가 있고 각 단위 간에 차이가 있었음을 알 수 있다.

이처럼 일반 취락은 조몬시대부터 복수의 건물로 한 단위를 이루는 가족이 기본 단위가 되고, 이것이 복수로 모여 군을 이루며, 그 군과 또 다른 복수의 군으로 하나의 취락이 형성된다. 취락은 독립된 존재가 아니라 환상취락이나 환호취락을 거점으로 해서 주변의 중소형 취락과 함께 커다란 취락군을 이루며 발전해 갔다. 고훈시대에 들어가더라도 일반 취락의 기본적인 구조는 계속되었다.

3. 공인 등의 취락

농경생산을 기반으로 하는 일반 취락 외에 수공업 등의 생산과 관련된 취락도 주거지 외의 유구나 유물로부터 파악해 낼 수 있다. 수공업은 농업생산과는 다른 기술의 습득에 의해 운영되며, 그 제품은 취락 외의 사람들에게도 공급되었다. 조몬시대에는 구슬 제품, 야요이시대에는 청동기·철기 등의 금속기가 제작되었는데, 5세기가 되면 한반도에서 건너온 도래인에 의해 새로운 기술이 전파되어 전업에 가까운 전문 공인집단이 생활한 취락이 출현했다.

오사카부(大阪府) 신이케(新池)유적은 하니와(埴輪)[2]를 제작했던 사람들의 취락이다. 낮은 대지상의 사면을 이용해서 만든 하니와를 소성한 가마가 조사되었으며, 이와 인접하여 수혈공방지가 3동, 동쪽으로 약간 떨어진 곳에서 수혈주거지가 14동 발굴되었다. 가마와 공방에서 출토된 원통형 하니와는 동시기에 해당하는 것들이며 공방과 주거지에서 출토된 하지키(土師器)도 같은 시기에 해당하기 때문에 이들은 모두 동시기에 존재했던 것이다. 공방은 한 변 약 10m의 방형으로, 벽 아래에는 폭이 약 60㎝의 도랑이 돌아간다. 바닥 전면에서 많은 토갱이 발견되었으며 그중에는 하니와의 재료가 되는 점토가 들어차 있는 곳도 있었다. 또한 원통형 하니와를 전용(轉用)해서 바닥 위에 올려놓고 그 속에 점토를 모아 둔 곳도 있어 하니와를 제작했던 전문 공방으로 생각된다. 수혈주거지는 그 공인들이 살았던 집이다. 이 취락에서 만들어진 원통형 하니와는 가까이에 있는 오다차우스야마(太田茶臼山)고분(일본에서는 26대 계체왕의 무덤으로 추정)으로 운반되었다. 1호 가마는 고고지자기(考古地磁気)라는 자연과학적 연대측정을 이용해 450±10년의 결과가 나와 하지키나 원통형 하니와의 연대를 추정할 수 있다.

오사카부(大阪府) 시토미야키타(蔀屋北)유적에서는 목제의 안장, 등자[3]를 비롯해 말을 매장한 무덤, 말에게 염분을 보충하기 위한 제염토기[4]가 발견되었다. 목장을 경영하고 있었던 취락으로 추정되며, 굴립주건물과 수혈주거지로 이루어져 있다. 한반도 계통의 토기도 다수 출토되었기

2　일본 고훈시대 특유의 기물이다. 일반적으로 하지키(土師器)로 분류되는 산화염 소성의 적갈색 토기이다. 제사나 벽사 등을 위해 고분의 분구 위나 주변에 줄을 지워 세워 두었다.

3　마구(馬具)의 일종으로 승마를 위해 필요한 발걸이이다. 안장에 좌우로 걸쳐 한 쌍으로 내려오며, 승마(말에 오르거나 타고 있을 때) 시에 다리를 놓는다.

4　해수를 담아 바짝 조려서 소금을 만들 때 사용하는 토기로 기벽이 얇다. 유적에서는 대부분 파괴된 상태로 출토되기 때문에 형태를 알 수 있는 자료는 매우 귀중하다.

때문에 한반도에서 건너 온 사람들도 깊은 관련이 있다. 말의 뼈가 235점 출토하였고, 무덤에 부장된 말은 전신의 골격을 알 수 있는 것으로 체고 (등성마루까지의 높이)[5]가 약 127㎝인데 현대의 서러브레드(thorough-bred, 경주용 말의 품종)보다는 작은 일본 재래종에 가까운 크기이다. 오사카부(大阪府) 고사카(小阪)유적의 수혈주거지에서는 깨어진 스에키(須惠器)와 그 제작에 사용된 내박자(內拍子)─토기를 만드는 과정에서 형상을 잡기 위해 두들개(외박자, 外拍子)로 바깥벽을 두드릴 때 안벽에 대는 받침 도구─가 출토되어, 스에키를 제작한 공인이 거주했던 취락으로 판단된다. 생산은 유적에서 2㎞ 정도 떨어진 곳인 가마터에서 이루어졌는데, 그곳이 바로 유명한 스에무라(陶邑)[6] 유적이다. 이 외에도 출토된 유물과 관련 시설을 통해 옥을 제작하고, 소금을 생산하며, 철기를 제작했던 것으로 추정되는 다양한 공인들의 취락이 있다.

5　말의 키는 지상에서부터 등성마루의 가장 높은 지점까지로 재는데, 등성마루란 척추뼈가 있는 두두룩하게 줄진 곳의 거죽 쪽을 말한다.

6　일본에서는 일반적으로 스에무라요적군(陶邑窯跡群)이라 부른다.

X.
정신문화

시타라 히로미
設楽博己

목표 & 포인트   토우와 석봉(石棒), 동탁(銅鐸), 하니와(埴輪), 인면묵서(人面墨書)토기 등 조몬시대부터 헤이안(平安)시대에 이르는 주술적, 의례적인 유물에 대해 그 성격을 생각해 본다. 정신문화를 나타내는 유물도 분석방법에 따라서 시대상을 반영할 수 있고, 사회조직이나 생산경제를 생각하는 실마리가 될 수 있기 때문이다.

키워드   주술, 제사, 의례, 조몬시대, 야요이시대, 고훈시대, 토우, 석봉, 동물형 토제품, 동탁, 조형(鳥形) 목제품, 하니와, 인면묵서토기, 풍요, 농경의례, 왕권, 국가적 제사

1. 고고학을 통한 정신문화로의 접근

발굴되었지만 용도를 알 수 없는 유물은 일반적으로 제사유물로 불린다. 그때 「제사」라고 하는 용어의 의미에 대해서는 그리 깊이 따져보지 않기 때문에 보통 실생활과는 별도로 분리되어 그것을 뒤에서 받쳐주는 정신적 측면과 관련된 유물을 일괄해서 제사유물이라고 부르고 있다. 하지만 같은 정신적 행위라 하더라도 주술과 제사는 그 내용이 크게 다르다. 고고유물에 주술이나 제사라는 이름을 붙일 때 그 차이를 명확히 하지 않고 그러한 용어를 쉽게 붙여서는 안 된다.

주술이란 신비적이고 영적인 힘에 의해 어떤 목적을 이루기 위해 하는 행위이다. 오컬트(occult)[1]적인 측면이 강조되는 경우가 많다. 영적인 힘의 원천이 특정 신이나 부처와 같이 정해져 있지 않은 자연적이거나 초자연적인 힘을 매개로 하는 것이기 때문에 원시적인 양상을 띤다. 인격신(人

格神)—초인간적 존재이면서도 인간의 의식이나 형태를 가지는 신—의 존재가 불명확했던 조몬시대의 토우(土偶)는 주술적인 유물로 취급되는 경우가 많다.

한편, 제사는 신이나 조상을 기리는 행위이다. 겐카이나다(玄界灘)에 있는 오키노시마(沖ノ島)라는 섬에서 행해진 의례는 신을 모시는 제사로 인정되고 있기 때문에 제사유적으로 부르는 것이 맞다.

신의 존재를 고고학적으로 증명하는 것은 곤란하고, 인격신이 아닌 정령(精靈)과 같은 존재도 신이라고 할 수 있다면 조몬시대에도 신이 존재했다고 할 수 있으며, 토우는 그러한 신과 관련된 신앙을 토대로 만들어졌다고 하는 이해도 가능해진다. 애초에 오키노시마의 신도 인격신이었는지 정답은 알 수 없다. 따라서 주술인가 제사인가라고 하는 엄밀한 구분을 고고학적으로 해내는 것은 매우 곤란하다는 인식을 가질 필요가 있다.

이상의 내용과는 별개로 의례라고 하는 용어가 자주 사용되고 있다. 의례는 통과의례, 생산의례, 장송의례 등 목적에 따라 다양하지만 일반적으로 의례란 형식화해서 관습이 된 행동의 제 형태를 말한다. 따라서 주술이나 제사를 포괄하는 정신적 행위의 총체를 나타내는 개념에 가깝다. 실태가 불명확한 고고유물에 대해서 의례 행위와 관련된 표상으로 보는 것도 타당하지만, 그렇다 하더라도 용도를 알 수 없는 유물을 모두 의례 목적으로 사용된 것으로 판단해서는 안 된다.

이처럼 정신적인 측면의 개념들이 어떻게 고고유물에 반영되어 있는

---

1 오컬트는 '신비스러운', '초자연적인'이라는 의미를 갖고 있다. 라틴어 "오쿨투스(Occultus: 숨겨진 것, 비밀)"에서 유래하였다.

지를 파악하는 것은 어려울 뿐만 아니라 어떠한 목적으로 사용되었는지 알 수 없는 경우가 많다. 그렇다고 해서 고고학자가 손을 놓고 있을 수는 없다. 예를 들어 야요이시대를 대표하는 청동기인 동탁(銅鐸)이 야요이시대 전기, 혹은 중기초두에 출현해서 후기후반까지 약 500~600년간에 걸쳐 만들어지고 사용된 것을 고려하면 야요이시대의 사회에서는 매우 중요한 의미가 있었던 것이다. 이러한 의례 관련 도구들은 제2의 도구로도 불리는데, 직접적인 생산행위를 뒤에서 받쳐주는 정신적인 생산행위를 담당했던 것으로, 이 둘은 목적을 달성하기 위해서는 항상 차의 양쪽 바퀴와 같은 관계였다. 어떠한 방법으로든 그 역할을 해명하는 것이 고고학이라는 학문에 주어진 과제이다.

그러기 위해 몇 가지의 연구방법이 이용되고 있는데, 그중 하나가 중범위이론(middle range theory)[2]을 이용한 방법이다. 민족지·문헌·실험을 이용해서 국가의 성립 요인이나 농업의 시작 요인 등 고고학에서는 다루기 어려운 문제를 탐구하는 실마리가 되는 방법이다.

또 하나로 고고학적 유물 자체가 가지는 다양한 정보를 조합해서 추론하는 방법을 들 수 있다. 이 경우에는 유물이 유적에서 어떠한 양상으로 출토되고 있는지가 중요한 단서가 된다. 다시 말해서 다양한 고고학적인 맥락—콘텍스트(context)—을 중요시 하는 방법이다. 대개 해석의 레벨로 그칠 수밖에 없지만, 중요한 것은 콘텍스트의 정합성으로부터 도출된 해석의 타당성이다.

---

2 특정 문제영역에 초점을 맞추고 각 영역에서의 연구결과를 전체적인 형태로써 나타내는 이론. 이론은 조사를 지향해야 하고, 조사의 발견은 해석될 필요가 있다는 이 중범위이론의 견해는 현대사회학 이론에 커다란 영향을 끼쳤다(doopedia 개변).

이하에서는 주로 위의 내용을 염두에 두면서 고고학적인 맥락에 의한 분석과 약간의 문헌을 이용하면서 정신적인 행위로 추정할 수 있는 몇몇 사례에 대해서 설명하도록 한다.

2. 인물조형품으로 살펴보는 선사시대의 의례

1) 토우란 무엇인가

조몬시대를 대표하는 제2의 도구가 토우이다. 토우는 약 13,000년전의 조몬시대 초창기부터 만들어진 이래 야요이시대에도 그 계보가 이어지는 토우가 존재할 정도로 매우 오랜 시간 동안 의례의 도구로 사용되어 왔다. 초창기의 토우는 시가현(滋賀県) 히가시오우미시(東近江市) 아이다니쿠마하라(相谷熊原)유적 등에서 출토되었는데, 모두 가슴을 과장해서 표현하고 있으며, 조기가 되어도 그 경향은 계속된다(그림 10-1). 얼굴이나 손발

은 없지만 잘록한 허리와 잘 뻗은 엉덩이, 과장된 가슴을 표현하고 있는데, 이러한 형상의 토우를 통해 당시 사람들이 빌었던 바람을 엿볼 수 있다.

조몬시대 중기나 후기가 되면 확실히 임신한 상태를 표현한 토우가 출현한다. 구연부에 토우와 같은 얼굴만을 붙인 토기가 나

[그림 10-1] 이바라키현(茨城県) 도네마치(利根町) 하나와다이(花輪台)패총 출토 조몬시대 조기의 토우
제공: 南山大学人類学博物館

가노현(長野県)에서 도쿄도(東京都)에 걸쳐 조몬시대 중기에 성행한다. 이러한 토기들은 대체로 추상적인 장식이 많지만, 아이가 태어나는 장면을 표현한 사례도 있다. 아기가 젖을 물고 있는 토우도 있다. 선사시대에는 출산 행위 자체에 위험성이 존재하고 있었는데, 그것은 현재에도 변함이 없는 사실이지만 유아의 사망률은 선사시대가 훨씬 높았다. 전술한 토우의 중요한 역할 중 하나가 아이의 탄생과 성장에 대한 무사(無事)를 기원하는 것이었다.

이러한 상징은 토우 이외의 유물에서도 엿볼 수 있다. 조몬시대에는

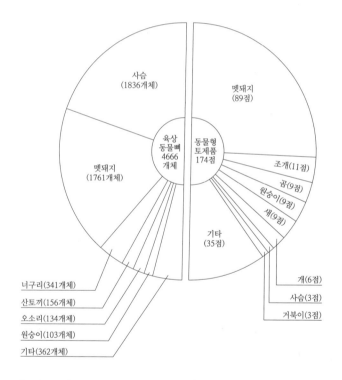

[그림 10-2] 조몬시대의 수렵동물과 조형(造形)동물의 종류 비율
출전 : 設楽博己, 2008, 「縄文人の動物観」『動物の考古学』人と動物の
日本史1, 吉川弘文館(p.30)

동물형 토제품이라고 하는 동물을 표현한 토제품이 다수 만들어졌다. 무엇을 만들었는지 알 수 없는 토제품을 제외하면, 멧돼지가 압도적으로 많다. 조몬시대에 수렵의 대상이 되었던 동물은 멧돼지와 사슴이 거의 반반을 차지했음에도 불구하고 사슴 토제품은 거의 없다(그림 10-2). 따라서 동물형 토제품이 수렵만을 기원하는 목적으로 만들어진 것이 아님을 알 수 있다. 한편, 멧돼지는 토우의 얼굴과 마찬가지로 토기의 구연부에 붙어서 표현되기도 한다. 멧돼지가 여성성을 갖고 있었음을 나타내는 것으로 풍요의 심볼적인 존재였을 것이다. 토우와 같은 방식으로 사용되었기 때문에 토우도 풍요를 상징하는 도구로서의 역할도 있었다고 생각된다.

2) 토우와 석봉石棒의 우주관cosmology

토우에는 성별이 불명확한 것이 많고, 모든 토우가 여성상을 나타내지도 않는다. 그러나 1만개를 넘는 토우 중 명확히 남성으로 표현된 것은 아주 희소하다. 조몬시대의 남성을 상징하는 것은 돌을 마연해서 남성의 성기를 표현한 석봉이다(그림 10-3). 석봉은 무덤에 부장되기도 하고 묘역에 세워지기도 하지만 토우가 부장되는 경우는 거의 없다. 조몬시대의 의례 체계에는 남

[그림 10-3] 사람 키보다도 큰 나가노현(長野県) 사쿠시(佐久市) 기타자와가와(北沢川)의 석봉
출전 : 小林達雄 編, 1988, 『縄文人の道具』古代史復元3(p.168)

녀가 구분되어 있었을 가능성이 높다.

조몬시대의 주된 생업이 수렵채집이었던 점은 주지의 사실이다. 세계의 민족지에 의하면 수렵채집사회에서는 남성의 일과 여성의 일이 구별되었던 경우가 많았던 사실이 지적되어 왔고, 생업 집단도 남녀로 나뉘어져 있었음을 엿볼 수 있다.

지바현(千葉県) 이스미시(いすみ市) 닛타노(新田野)패총은 조몬시대 전~중기의 내륙에 위치한 패총인데, 온난했던 전기에는 바닷물이 바로 앞까지 들어와 있었다. 이 유적에서는 당연히 바다에 서식하던 물고기와 패각류가 포획·채집되고 있었는데, 서서히 한랭한 기후가 되면서 바닷물이 물러나게 되어 해수면이 낮아졌다. 이러한 환경에 대응해서 중기가 되면 채집된 패각류의 거의 100%가 기수역에 서식하는 재첩이 된다. 그런데 물고기는 잉어나 붕어와 같은 담수어가 아니라 감성돔이나 농어 등 내만성 바닷물고기를 포획했다. 이러한 양상은 먼 바다까지 나가서 바닷물고기를 잡았다는 것을 나타내며, 하루 일과의 일로써 남성이 어로활동에 종사하고, 패각류의 채집은 가정의 일에 종사했던 여성의 역할이었던 것을 말해준다.

조몬시대의 생활 근간을 이루던 생업과 관련된 집단의 편성 원리가 남녀의 집단을 기초로 하고 있었다고 한다면, 이와 관련된 의례에도 그 스타일이 반영되어 있었을 가능성이 높다. 토우와 석봉의 우주관이야말로 바로 그 스타일을 말해주고 있는 것이 아닐까?

3. 동탁銅鐸을 이용한 농경의례

1) 동탁의 형식학

야요이시대를 대표하는 청동기가 동탁이다(그림 10-4). 동탁은 뉴(鈕)라고 하는 부분에 끈을 매달아 걸 수 있는 종처럼 생긴 청동기이다. 동탁 속에는 설(舌)이라고 불리는 청동제, 혹은 석제의 막대를 걸어 신(身)이라고 불리는 본체의 내측을 두드려서 울리는 소리를 낸다. 하단부의 내측에는 설이 부딪히면서 음향효과를 내기 위한 돌대(突帶)가 돌아간다.

동탁은 소형에서 대형으로의 시간적 변화가 있었던 것으로 추정되고

있는데, 마지막 단계의 대형품에는 전술한 내면의 돌대가 없어진 것도 있다. 다나카 미다쿠(田中琢)는 소형에서 대형으로의 변화는 듣는 동탁에서 보는 동탁으로의 변화이며, 의례 내용의 추이에 따라 변화한 것으로 추측했다.

돗토리시(鳥取市) 이나요시스미타(稲吉角田)유적에서 출토된 야요이 토기 호(壺)의 목 부분에는 나무의 양 가지에 방추형(紡錘形)의 물체가 2개 걸려 있는 모양의 그림이 그려져 있는데, 동탁으로 추정되고 있다(그림

[그림 10-4] 효고현(兵庫県) 게이노(慶野)의 동탁을 이용한 재현
출전 : 樋口隆康 編, 1974, 『大陸文化と青銅器』古代史発掘5, 講談社(p.7)

[그림 10-5] 돗토리시 이나요시스미타(稲吉角田)유적 출토 호에 그려진 회화

출전 : 佐々木謙, 1981, 「鳥取県淀江町出土弥生式土器の原始絵画」 『考古学雑誌』67-1(p.96)·春成秀爾, 2007, 『儀礼と習俗の考古学』, 搞書房(p.89) 개변

10-5). 정확하지는 않지만 동탁의 사용법을 추측할 수 있는 중요한 단서가 된다. 이 그림은 야요이시대의 의례 연구에서 빠질 수 없기 때문에 뒤에서 다시 다루도록 한다.

2) 동탁 회화의 분석

그렇다면 동탁은 무엇을 위해 사용되었을까? 동탁은 야요이시대를 대표하는 소위 제2의 도구이며 용도는 정확히 알 수 없다. 하지만 동탁 자체에 대해 다방면으로 이루어진 고고학적 연구에 의해 몇몇 단서들을 얻을 수 있게 되었다.

우선 동탁에는 그림이 그려진 사례가 더러 발견되었는데, 그림의 분석을 통해 용도가 추정되고 있다(그림 10-6). 효고현(兵庫県) 고베시(神戸市) 사쿠라가오카(桜ヶ丘)유적에서 출토된 동탁의 회화는 좋은 예이다. g는 물고기를 먹고 있는 긴 다리와 부리를 가진 새인데, 새는 백로이고, 물고기는 수전 등에 살던 담수어로 생각된다. b는 개구리, 소금쟁이 등 수변에 생

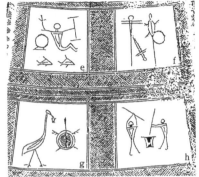

[그림 10-6] 효고현 고베시 사쿠라가오카(桜ヶ丘)유적 출토 5호 동탁의 회화

출전 : 佐原真·春成秀爾, 1997, 『原始絵画』歴史発掘5, 講談社(p.75)

식하는 작은 동물이고, f는 가을의 밭에서 볼 수 있는 잠자리이다. d는 사
슴의 뿔을 잡고 있는 수렵인이다. 또한 수확한 벼를 저장해 두는 고상창고
가 그려진 동탁도 알려져 있다. 서로 마주 보고 선 인물이 절구공이로 절
구를 찧는 모습은 탈곡 장면의 표현이다(h).

　이러한 회화의 주제는 다른 동탁에서도 공통적으로 보인다. 그리고, 이
그림의 내용들은 주로 수전을 중심으로 펼쳐진 인간 활동과 동물들이다.
동탁에 벼농사와 관련된 그림이 표현된다는 것은 고바야시 유키오(小林行
雄)가 말한 농경의례 관련설로 연결된다. 그는 동탁으로 소리를 내는 행위
야말로 가을의 수확 축제와 어울린다고 하였다.

　새와 사슴은 동탁뿐만이 아니라 토기에도 그려졌다. 쌀을 저장했던 고
상창고가 그려진 동탁은 한 사례밖에 없지만 토기에는 빈번히 그려진 것
으로 보아 그림이 그려진 토기도 함께 농경의례에 사용된 것으로 추측할
수 있다. 그러면 왜 새와 사슴이 농경의례와 관련되는 것일까? 이 점에 대
해서는 국문학이나 민속학의 성과를 참고할 필요가 있다.

　민속학자인 오리쿠치 시노부(折口信夫)나 고대사 전공의 요코타 켄이

치(橫田健一)가 일찍부터 주목했던 것인데, 『播磨国風土記』(하리마노쿠니풍토기)[3]의 설화에는 사슴의 피에 볍씨를 흠뻑 적시어 뭉쳐 두었더니 하룻밤이 지나 고양이가 되었다는 내용이 있다. 또한 『万葉集』(만엽집) 16권, 『豊後国風土記』(분고노쿠니풍토기)[4]의 설화에는 사슴에게 논밭을 황폐화시키지 않도록 맹세하게 하는 내용이 있는데, 사슴이 벼에 대한 신성성이나 유해성을 갖고 있는 것처럼 농경의례와 관련된 동물로 표현되고 있다. 또한 종교사 전공의 오카다 세이시(岡田精司)는 수컷 사슴의 뿔이 새것으로 바뀌는 사이클이 벼의 성장과 동일한 것으로 보아 사슴은 고대에 토지의 정령으로서 주술적인 성격을 부여받았다고 생각했다. 이러한 설을 배경으로 하여 사하라 마코토(佐原真)는 사슴에 대한 신앙이 야요이시대까지 올라갈 가능성을 주장했다.

벼이삭을 입에 문 학이 그것을 떨어뜨린 곳에서 벼농사가 시작되었다고 하는 신화를 나카야마 타로(中山太郎)가 일찍이 소개한 바 있다. 민족학 전공의 오바야시 타로(大林太郎)는 이 설화를 동남아시아까지 범위를 넓혀 연구한 결과, 이삭을 떨어뜨리는 신화의 전승이 의미하는 바가 벼는 새에 의해서 이 세상으로 전해지게 되었다는 도작기원설 설화라고 논한 바 있다. 『山城国風土記』(야마시로노쿠니풍토기)[5]에 있는 떡을 과녁으로 하여 활을 쏘았더니 떡이 백로로 변하여 날아갔다고 하는 설화도 고대의 새와

---

3 나라(奈良)시대에 편찬된 하루마노쿠니(播磨国)―현재의 효고현(兵庫県) 서남부에 해당―의 풍토기. 헤이안(平安)시대 말기에 필사된 사본이 국보로 지정되어 있다.
4 나라(奈良)시대에 편찬된 분고노쿠니(豊後国)―현재의 오이타현(大分県)에 해당―의 풍토기. 현존하는 5개의 풍토기 중 하나.
5 야마시로노쿠니(山城国)는 일본의 고대 지방행정 구분인 율령제에 기초한 나라의 하나로 옛 이름이다. 현재의 교토부(京都府)에 해당한다.

벼의 관계성을 이야기하는 것이다. 야요이시대의 토기 회화에는 새의 날개를 달고 의례를 행하는 인물의 그림이 다수 남아 있다.

3) 야요이토기 회화의 분석

다시 돗토리시(鳥取市) 이나요시스미타(稲吉角田)유적으로 돌아가서 출토된 야요이토기에 그려진 회화(그림 10-5)를 근거로 하여 야요이시대의 농경의례를 복원해 보자.

가장 오른쪽에 그려진 것은 배를 노 저어 가는 인물들의 모습이다. 인물의 머리에는 아치(arch) 모양의 장식이 그려져 있는데, 백로 등의 새 머리 위에 나 있는 긴 깃털을 표현한 것으로 이 역시 새 장식 인물의 일종이다. 그 방향을 보면 그림에서는 오른쪽에서 왼쪽으로 나아가고 있다. 나아가는 방향의 앞에는 아주 높은 기둥과 사다리를 가진 건물이 그려져 있다. 그 왼쪽으로도 바닥이 높은 곳에 위치하는 건물이 그려져 있는데, 보통 이러한 그림이 그려진 토기를 통해서는 고상창고로 봐도 무방하다. 그 왼쪽에 그려진 것이 나무가지에 걸려 있는 동탁으로 추정되는 그림이다. 가장 왼쪽에 있는 사슴은 토기 파편에 그려진 것인데, 다른 파편과 접합되지는 않지만 아마도 같은 개체의 파편으로 생각되기 때문에 이상의 그림들은 일련의 회화에 포함되는 것이다.

새와 사슴, 고상창고가 그려져 있다는 사실은 이 회화가 농경의례와 관련된 것임에 틀림없을 것이다. 중요한 것은 이 그림들이 일련의 회화로 그려져 있다는 점, 즉 두루마리 그림처럼 그려져 있기 때문에 농경의례의 스토리를 재현할 수 있을 것 같은 기대감을 들게 한다. 이상의 설명을 바탕으로 좀 더 대담히 재현해 보도록 한다.

새라고 하는 하늘을 날아다니는 동물이 바다나 강을 건너는 배를 타고 있다는 점에 대해 이상하다고 생각할 수도 있겠으나, 신화에는 하늘을 날아다니는 배가 자주 등장한다. 그곳은 현세와는 다른 저세상에 있는 영원 불멸의 나라를 이미지화한 것으로 그곳에는 선조가 살았던 벼의 영혼이 숨 쉬는 세계인 것이다. 새를 통해 전해진 벼는 고상창고에 저장되었는데, 그 앞에 있는 기둥과 사다리가 이상할 정도로 긴 건물은 새가 잘 도착할 수 있도록 가능한 한 높게 만든 의례 공간인 것이다. 동탁은 벼이삭을 문 새를 그곳으로 안내하기 위해 소리를 울렸던 역할을 했을 것이다. 어떤 사슴들은 그 시작과 끝을 수호하면서 땅의 정령 역할을 했던 것이다.

이상으로 동탁을 중심으로 하여 유물에 그려진 회화의 콘텍스트를 살펴 보았는데, 이하에서는 동탁이 유적에서는 어떠한 양상을 띠며 출토되었는지 살펴보도록 한다.

4) 동탁의 매납

시마네현(島根県) 이즈모시(出雲市) 고진다니(荒神谷)유적은 마을에서는 떨어진 산의 경사면에서 다수의 청동기가 매납된 상태로 출토된 유적이다(그림 10-7). 처음으로 발견된 것은 358점이라는 유례없이 많은 수의 동검(銅劍)이었다. 사각형으로 파인 구덩이에 4열로 정연하게 매납되어 있었는데, 검의 날 끝부분과 손잡이 부분을 서로 엇갈리게 하고 측면의 날부분은 상하로 세워진 채 매납되었다. 그 부근을 금속 탐지기로 조사해 보았는데 약 7m 떨어진 지점에서 동탁 6점과 동모(銅矛) 16점이 함께 매납되어 있던 구덩이를 확인할 수 있었다. 동탁도 동검과 마찬가지로 지느러미[6]가 세워져 매납되어 있었다. 그 후 바로 가까이에 있는 운난시(雲南市)

---

6 동탁의 상부에는 어딘가에 매달기 위해 뉴(鈕)라고 하는 고리모양의 장식이 붙어 있다. 이

[그림 10-7] 시마네현 이즈모시 고진다니(荒神谷)유적에 매납된 청동기

제공: 島根県教育委員会

가모이와쿠라(加茂岩倉)유적에서도 39점에 달하는 다량의 동탁이 발견되었다. 멀리 떨어진 시즈오카현(静岡県) 아쿠가야(悪ヶ谷)유적에서 출토된 4점의 동탁도 상하로 엇갈리게 해서 지느러미를 위로 세운 채로 매납되어 있었다. 그다지 청동기가 출토되지 않는 동일본에서도 나가노현(長野県) 나카노시(中野市) 야나기사와(柳沢)유적에서 동탁 5점과 동과(銅戈) 8점이 같은 양상으로 매납되어 있었다고 한다.

　이처럼 야요이시대에는 같은 방법을 이용해서 청동기를 대량으로 매

뉴에서부터 이어진 히레(鰭)라고 불리는 편평한 장식부분이 동탁의 몸통 양쪽으로 붙어서 뻗어 내려온다. 이 지느러미처럼 생긴 히레에 의해 동탁은 2개의 면으로 구분된다.

납하고 있었다. 그 분포는 서일본을 중심으로 해서 동일본도 일부 포함되는 범위에 이른다. 이런 넓은 범위에서 의례 행위가 공통적으로 행해지고 있었다는 것은 그 배후에 어떠한 사회 상황이 작용하고 있었던 것을 시사한다. 또한 왜 사람이 살고 있는 마을에서 떨어진 장소에 대량의 청동기가 매납되어 있었을까? 어느 시점에 매납되었던 것일까? 의문스러운 점이 한두가지가 아니다.

여기에서 확인해 두고 싶은 것은 동탁은 모든 취락에 존재했던 것이 아니며, 어떤 지역의 전체, 공동체의 의례 도구로서의 성격을 갖고 있었던 점이다. 동탁의 매납이 수장의 지시에 의해 행해졌다고 가정하더라도 동탁이 수장 개인의 무덤에 부장되는 사례는 하나도 없다는 점이 이를 방증한다. 즉, 동탁은 공동체 농경의례의 상징적인 존재였다. 왜 그것이 매납되었을까라는 의문은 일찍부터 고고학에서 논의의 대상이었다.

우선, 매납된 시기에 관한 것인데, 적어도 두 시기를 상정해 볼 수 있다. 첫번째 시기는 동탁의 형식학적 연구성과에 의하면 4단계의 돌선뉴식(突線紐式)[7] 동탁이 없는 시기로 약 기원전 1세기~기원후 1세기의 야요이시대 중기후반~종말기에 해당한다. 두번째 시기는 동탁이 소멸하는 전술한 4단계의 시기이며, 야요이시대 종말기인 3세기경이다.

고진다니유적이나 가모이와쿠라유적 등 주고쿠(中国)지방에서는 첫번째 시기의 매납 이후에는 더이상 동탁을 이용한 의례를 하지 않았다. 이를 대신하듯 출현한 것이 분구묘(墳丘墓)이다. 분구묘는 한정된 인물이 매장되는 무덤이다. 오카야마현(岡山県) 구라시키시(倉敷市) 다테쓰키하카(楯

---

7   제Ⅲ장 [그림 3-2]의 ④·⑤ 참조.

築墓)라고 불리는 분구묘는 추정되는 전체 길이가 약 80m에 달하고, 높이가 약 5m인 대형 무덤이다. 지역을 통합하는 심볼이 동탁에서 분구묘로 변화한 것이다. 긴키(近畿)지방에서는 동탁이 대형화되어 보는 동탁으로 바뀌었다고 하는 것처럼 더욱 동탁에 의한 농경의례가 계속 발달해 간다. 그러나 매납의 두번째 시기 이후로는 동탁을 이용한 의례를 그만두었다. 긴키지방에서는 이를 대신하듯 출현한 것이 전방후원분(前方後円墳)이므로 주고쿠(中国)지방과 같은 행보를 보이는 것으로 이해할 수 있다. 이러한 점을 통해 동탁의 매납이 새로운 사회의 출현이나 지역의 통합과 밀접한 관계에 있음을 엿볼 수 있다.

거주지역과 떨어져 있는 장소라는 점은 세력권의 경계를 의미하기도 한다. 시가현(滋賀県) 야스시(野州市) 오이와야마(大岩山)에서는 24점의 동탁이 매납되어 있었는데, 이 지역도 당시 세력권의 중추부가 아니라 기나이(畿内)지방과 단고(丹後)지방[8]이나 호쿠리쿠(北陸)지방, 노우비(濃尾)지방[9] 등과의 경계에 위치하는 곳이다. 동탁의 매납이 분구묘나 고분과 같은 권력의 출현과 관련되어 있다고 한다면, 동탁의 매납 행위가 개별 취락의 농경의례적 성격을 초월하여 지역이나 지방끼리의 결집이라고 하는 정치적인 의미를 띤 의례로 변질되어 갔다는 것을 말해준다.

---

8 현재의 교토부(京都府) 북부에 동해쪽 바다와 접해 있는 곳. 일본의 고대 지방행정 구분에 의한 나라 이름 중 하나인 단고쿠니(丹後国)가 있었던 곳.
9 노우비(濃尾)평야를 중심으로 아이치현(愛知県) 북서부와 미에현(三重県) 북부에 이르는 곳

4. 왕권의 의례와 국가적인 제사

1) 인물 하니와埴輪의 성격

처음에는 원통 하니와(円筒埴輪)가 유행하고 있었지만 4세기가 되면 왕권이나 수장권의 권위를 높이기 위해 호화로운 집모양 하니와(家形埴輪)나 방패모양 하니와(盾形埴輪) 등 여러 기물을 표현한 하니와가 고분의 매장주체부 위나 분구의 한 쪽에 놓인다. 여기에 더해 4세기 후반에서 5세기에 걸쳐 인물 하니와(人物埴輪)가 나타난다.

죽은 수장을 표현한 인물 하니와도 알려져 있다. 군마현(群馬県) 다카사키시(高崎市) 와타누키칸논야마(綿貫観音山)고분은 6세기 후반의 전방후원분으로 청동제 물병이나 벨트 등 기나이(畿内)지방 중추부의 고분에서도 자주 출토되지 않는 귀한 유물들을 비롯하여 호화로운 부장품이 출토되었다. 부장품으로 보건대 피장자의 신분은 매우 높았을 것이다. 재지의 호족이라고 추측하기에 충분한 고고자료이다.

이 고분의 정상부에 입장이 다른 몇 사람들로 이루어진 인물 하니와가 세워져 있었다. 의자에 걸터앉은 인물 하니와는 장식이 달린 모자를 쓰고 있고, 한눈에 봐도 신분이 높은 인물임을 알 수 있다. 그의 허리를 주목해 보면 폭이 넓은 벨트를 착용하고 있는데, 부장품으로 출토되는 청동제 벨트를 방불케 하는 모습이다. 따라서 이 인물은 피장자를 표현한 것으로 보이기 때문에 고분의 주인공인 셈이다(그림 10-8).

이 인물 하니와와 마주 보고 앉아 있는 것처럼 여성의 하니와가 놓여 있었다. 감(坩)이라고 부르는 작은 단지를 주인공을 향해 받들어 올리고 있다. 주인공과 여성 하니와 사이에는 의자 위에 바르게 앉아 있는 3명의 여아가 배치되어 있는데, 몸에 현악기의 줄과 같은 끈을 돌려 감고 손가락 끝으로 켜면서 의례적인 음악을 연주하는 장면이 연출되어 있다. 다른 고

[그림 10-8] 군마현 다카사키시 와타누키칸논야마(綿貫観音山)고분의 수장 하니와(埴輪)와 부장품

출전 : 高橋克壽, 1996, 『埴輪の世紀』歴史発掘9, 講談社(p.37·55)

분의 하니와 중에도 비파를 뜯는 하니와 등 악기를 연주하는 사례가 있는데, 음악이 흘러나오는 의례의 장면을 표현하고 있는 것이다.

동물 하니와도 각지의 고분에서 출토되고 있다. 말은 5세기에 한반도로부터 전해져 왔는데, 말모양 하니와(馬形埴輪)는 통상 매우 화려한 마구(馬具)로 장식되어 수장이 소유하고 있었던 동물로서 권위를 상징하는 것이다. 팔뚝에 매가 앉아 있는 하니와도 있다. 더욱 희귀한 사례로는 물새(가마우지)가 자신을 길들인 사람에게 물고기를 물어다 바치는 장면이 연출된 하니와가 있다.

2) 하니와군群의 의미

그러면 고분 위에 줄지어 있는 하니와군에는 어떠한 특징이 있을까?

또한 하니와군은 무엇을 위해 놓였을까? 그 의미는 무엇일까? 이러한 의문에 대해 추측해 보자.

군마현(群馬県) 다카사키시(高崎市) 호도타하치만즈카(保渡田八幡塚)고분은 5세기 후반의 전방후원분이다. 분구를 이중으로 감싼 해자의 안쪽에 4×11m의 규모로 낮은 언덕과 같은 구획이 있는데, 거기에는 인물 하니와를 중심으로 한 54개체의 하니와가 줄지어 있다. 이것을 분석한 와카사 토오루(若狹徹)에 의하면 54개체는 7개의 그룹으로 나뉘며 각 그룹의 특징은 이하와 같다.

① 수장과 무녀(巫女)가 의자에 앉아 마주하고 있으며, 비파를 뜯는 사람과 받들어 섬기는 여성이 배치된 장면

② 큰 칼을 가진 수장과 무녀가 마주 보고 있는 장면

③ 무인(武人)과 역사(力士) 등이 그들의 위엄을 나타내는 장면

④ 새의 열과 차려입은 남성으로 이루어진 그룹으로, 매사냥을 나타냈다고 하는 장면

⑤ 멧돼지 하니와와 화살을 시위에 메기는 사냥꾼 모습의 하니와로 이루어진 멧돼지 사냥 장면

⑥ 새(가마우지) 모양 하니와와 인물 하니와로 이루어진 가마우지 사육 장면

⑦ 귀인(貴人)을 선두로 하여 무인(武人), 무구(武具), 장식된 말, 말을 끄는 모습, 아무런 장식이 되지 않은 말, 사슴 하니와의 열로 이루어진 그룹

와타누키칸논야마(綿貫観音山)고분의 하니와군과도 공통점이 있는 하니와의 조합으로부터 와카사 토오루(若狹徹)는 이러한 하니와군이 연출하

고 있는 장면은 수장이 주관하는 의례와 놀이, 왕이 소유하는 재물의 과시를 목적으로 세워진 것으로 생각했다.

오사카부(大阪府) 다카쓰키시(高槻市) 이마시로즈카(今城塚)고분은 일본에서 계체천황(継体天皇)의 무덤으로 여겨지고 있는데 6세기 전반의 전방후원분이다. 역시 해자 사이의 중간 언덕 부분(中提)에 네 구획으로 나뉘어져 130개체 이상의 하니와가 배치되어 있다. 전술한 호도타하치만즈카(保渡田八幡塚)고분에는 없었던 집모양 하니와(家形埴輪)나 책상모양 하니와(冊形埴輪), 큰 칼모양 하니와(大刀形埴輪), 방패모양 하니와(盾形埴輪)까지 배치되는 등 한층 업그레이드된 의례의 장면을 연출하고 있다(그림 10-9). 야마토 정권에 속하는 왕의 장송의례를 미니어처판으로 표현한 것이 호도타하치만즈카(保渡田八幡塚)고분과 와타누키칸논야마(綿貫観音山)

[그림 10-9] 오사카부 다카쓰키시 이마시로즈카(今城塚)고분의 하니와가 군을 이루고 있는 모습
제공: 高槻市教育委員会

고분의 하니와군이다. 왕권의 중추를 나타내는 의례가 일정의 양식을 유지하면서 일본열도의 넓은 범위에서 이루어지고 있었던 것을 알 수 있다.

하니와를 세워 두는 목적이나 의미에 대해서는 예전부터 ①수장권 계승 의례, ②빈(殯), ③생전의 공적을 과시, ④신에 대한 제사, ⑤공헌·무덤 앞 제사시설 등 여러 주장이 있어 왔다. 그러나 비교적 최근에 이루어진 호도타하치만즈카(保渡田八幡塚)고분과 이마시로즈카(今城塚)고분에 구성되어 있는 하니와군의 분석에 의해 하니와는 왕이나 수장을 중심으로 한 신에 대한 의례나 수렵 등의 의례 행위, 위엄을 세우고 과시하는 행위로 볼 수 있게 되었다. 즉 하니와라는 기물을 세워 놓음으로써 몇 가지의 장면을 조합하여 왕권이나 수장권을 어필하기 위한 권위를 상징하는 공간 연출이다. 어쨌든 고훈시대(古墳時代)에는 우상(偶像)이 수장 등의 권력에 의해 독점되었고, 신분 서열을 확실히 한 연출 작품으로써 그 모습을 바꿔나가는 양상이 나타난다.

3) 인면묵서人面墨書토기와 국가적인 제사

묵서토기(墨書土器)란 먹으로 문자나 기호를 쓴 토기이다. 한자가 보급되면서 7세기 이후 일본 각지에서 확인되고 있다. 초기의 묵서토기는 주로 궁전 관련 유적이나 사원에서 출토되기 때문에 국가적인 규모와 내용의 의례와 관련된 유물로 봐도 좋다.

묵서토기의 한 종류로 인면묵서토기가 있다. 용어 그대로 토기의 표면에 사람 얼굴을 그린 토기로 8~9세기 나라(奈良)시대 후반에서 헤이안(平安)시대 초까지 유행했다. 얼굴은 토기의 측면에 그려져 있는 사례가 많고, 하나의 토기에 얼굴이 하나가 그려진 경우 외에는 2개나 4개 등 짝수로 그려진다. 수염이 덥수룩하게 난 남성의 얼굴이 일반적인데, 눈을 고사리 문양처럼 말아서 감은 것처럼 표현하기도 하고, 무서운 형상이나 괴이한 형

[그림 10-10] 인면묵서토기와 출토 상황 재현

출전 : 金子裕之, 1996, 『木簡は語る』歷史發掘12, 講談社(p.41)

상을 하고 있는 것도 있다 (그림 10-10). 기종으로는 작은 단지처럼 생긴 토기가 많다[10]. 이 외에도 옹(甕)이라 부르는 약간 긴 항아리도 있지만 대체로 배(杯)나 접시 등 깊이가 얕은 기종이 많다.

북부큐슈에서 이와테현(岩手県)까지의 넓은 범위에 걸쳐 확인되는데, 헤이조쿄(平城京)[11]나 다가조(多賀城)[12] 등 주로 율령국가의 정치적인 중추부나 지방 지배의 거점에서 출토된다. 대다수가 하천이 있던 곳에서 출토되는데, 의례적 성격을 띠

---

10 우리나라에서는 보통 완(盌)이라고 부른다.

11 나라(奈良)시대 일본의 수도. 710년에 후지하라쿄(藤原京)에서 천도하여 중국 당나라의 장안성을 모방해서 만들어진 도성. 현재의 나라현 나라시(奈良市), 야마토코오리야마시(大和郡山市)에 소재한다.

12 현재의 미야기현(宮城県) 다가조시(多賀城市)에 소재하는 고대 일본의 성으로 국가 특별사적으로 지정되어 있다. 나라시대부터 헤이안시대에 걸쳐 도호쿠(東北)지방 정치·군사·문화의 중심지였다.

는 다양한 유물들이 함께 출토되는 경우가 많다. 예를 들어 헤이조쿄에서는 하천이 있던 곳에서 인면묵서토기 56점 외에도 토마(土馬) 123점, 목제 인형 2점, 이구시(齋串)[13] 4점, 청동 방울 1점, 미니어처 시루 등 대량의 유물이 버려진 상태처럼 출토되었다.

인면묵서토기의 성격에 대해서는 문헌에서 그 단서를 구할 수 있다. 헤이안시대 중기에 편찬된 『延喜式』(연희식)이라는 문헌에는 작은 돌이 들어 있던 단지를 천황에게 바치는 의식과 관련된 기사, 궁주(宮主)[14]가 작은 단지를 받들어 올리는 의식을 할 때 하천을 향하고 있었다는 기사 등이 있다. 작은 단지를 하천을 통해 떠내려 보내는 의식이었을 것이다. 헤이안시대 말기에 편찬된 『東宮年中行事』(동궁연중행사)라는 문헌에는 동궁이 토기의 아가리 부분에 붙은 종이를 떼어내듯이 숨을 내뿜는다는 기사가 있고, 헤이안시대에 편찬된 또 다른 문헌인 『西宮記』(서궁기)에는 그때 천황이 단지에 세 번 숨을 불어 넣었다고 기록되어 있다.

에히메현(愛媛県) 안조시(安城市) 야하기가와(矢作川)에서 출토된 인면 묵서토기에는 「액신(厄神)」[15]의 문자가 쓰여 있었다. 앞에서도 나온 『延喜式』에는 역신(疫神)[16]에게 비는 제사를 임시로 궁성의 네 모서리에서 지냈다는 기사가 있다. 헤이조쿄에서는 인면묵서토기와 함께 목제 인형이 자주 출토되는데, 가슴에 나무 못이 박힌 채로 출토된 것이 있다. 이는 인간의 과오나 허물을 인형이 짊어지게 하여 저주를 하는 행위로 볼 수 있다.

---

13 작은 가지처럼 생긴 목제품으로 신에게 바치는 물건을 걸어서 공헌할 때 사용. 신령이 나타날 때 매체가 되며, 결계를 표시하는 제사도구이다.
14 궁에서 신과 관련된 사무를 담당하는 직원
15 재앙을 가져온다는 악신
16 천연두를 맡았다는 신

또한 인면묵서토기나 목제 인형과 함께 출토되는 토마(土馬)는 액신이 타고 다니는 동물로 여겨지며, 이구시(齋串)는 액신을 막는 효과가 있었다고 말해지고 있다.

이러한 상황을 종합해 보면 인면묵서토기는 율령국가에서 가장 중요했던 그믐날에 행해진 제사에 사용된 기물이다. 죄를 씻어 맑게 하거나 임시로 지내는 제사 등에 다양한 기물들과 함께 하천에 흘려보냄으로써 액신을 현세로부터 분리시키는 것을 목적으로 한 국가적인 제사 행위였다. 또한 주술에 사용된 물건들은 일본 고유의 제사에서는 보이지 않았던 것이다. 덴무(天武)·지토우(持統)천황 시기(재위 673~697)에 실시한 제사 정책은 종래의 전통에 중국 수·당나라의 도교 계통의 제사 도구가 더해져 재편성된 것으로 이해된다. 따라서 율령기의 국가적 제사의 성격이 반영되어 있다.

5. 정리

조몬시대의 토우나 석봉은 당시의 생업 체계와 남녀의 성별 분업을 고려하여 수렵채집사회의 생산이나 풍요와 관련된 주술 도구로 생각되어 왔다. 또한 야요이시대의 동탁에 그려진 회화나 출토 상황을 토대로 농경의례의 도구라고 하는 설을 소개했다. 이들이 공동체의 의례나 제사와 관련된 것에 비해서 고훈시대(古墳時代)의 인물 하니와나 율령기의 인면묵서토기는 정치적인 성격을 나타내는 권력자나 국가 레벨의 제사로 진화한 의례 도구이다. 모두 하나하나의 해석에 지나지 않지만 거기까지에는 유물끼리의 관계성이나 유적에서의 출토 양상 등 유적과 유물 간의 콘텍스트가 중요하다는 것을 알 수 있다. 이 과정을 통해 정신문화를 나타내는 유물도 그 자체적인 성격은 물론이거니와 사회조직이나 생산경제를 생각하는 단서가 될 수 있다는 것을 논하였다.

동탁은 크고 작은 것이 있고 중국의 은나라 시기에 만들어진 청동제의 작은 종과 유사하기 때문에 음률을 연주하는 악기로 생각된 적도 있었다. 이 설은 소개하지 않았지만 일종의 종(鍾)임에는 틀림없다. 고훈시대에서 악기라고 한다면 비파를 뜯는 하니와가 있는데 왕권의 의례와 관련된 것으로 추측된다. 악기를 이용해서 의례의 문제에 접근하는 연구 주제를 설정하는 것도 가능하다. 또한 조몬시대의 토우와 고훈시대의 인물 하니와는 인물 조형품의 범주에 속하는데, 중간의 야요이시대에도 인물 조형품이 알려져 있다. 이것을 테마로 해서 통시적으로 그 성격의 변화를 추적해 보는 작업도 의미가 있을 것이다. 이번 장에서는 일본에서 출토된 유물로 한정해서 설명하고 있지만, 악기나 인물 조형품 등의 유물은 해외에도 매우 많다. 이렇듯 시공을 넘나드는 비교고고학의 분야도 흥미로울 것이다. 앞으로 연구나 학습에 있어 주제를 선택할 때 하나의 방향성으로서 참고가 되길 기대한다.

참고문헌

제1장

H. J 에가스(田中琢·佐原真訳)『考古学研究入門』岩波書店 (1981)

佐々木憲一他『はじめて学ぶ考古学』有斐閣 (2011)

チャールズ·ダーウィン(リチャード·リーキー編, 吉岡晶子訳)『図説 種の起源』東京書籍 (1997)

V. G チャイルド(近藤義郎·木村祀子訳)『考古学とは何か』岩波書店 (1969)

ブルース G. トリッガー(下垣仁志訳)『考古学的思考の歴史』同成社 (2015)

濱田耕作『通論考古学』大鐙閣 (1922)

藤本強『考古学の方法ー調査と分析ー』東京大学出版会 (2000)

モンテリウス(濱田耕作訳)『考古学研究法』岡書院 (1932)

コリン·レンフルー , ポール·バーン(池田裕·常木晃·三宅裕監訳, 松

本建速・前田修訳)『考古学―理論・方法・実践―』東洋書林 (2007)

제2장

泉拓良・上原真人『考古学―その方法と現状』放送大学教育振典会 (2009)

井上たつひこ『水中考古学―クレオパトラ宮殿から元寇船, タイタニックまで』中央公論社 (2015)

岩崎卓也他編『考古学調査研究ハンドブックス』雄山閣出版 (1993)

田中宏幸, 大城道則『歴史の謎は透視技術「ミュオグラフィ」で解ける』PHP研究所 (2016)

寺村裕史『景観考古学の方法と実践』同成社 (2014)

ハリス, E.(小沢一雄訳)『考古学における層位学入門』雄山閣出版 (1995)

コリン・レンフルー , ポール・バーン(池田裕・常木晃・三宅裕監訳, 松本建速・前田修訳)『考古学―理論・方法・実践―』東洋書林 (2007)

제3장

V. G. チャイルド著(近藤義郎・木村祀子訳)『考古学とは何か』岩波新書 (1969)

V. G. チャイルド著, 近藤義郎訳『考古学の方法』河出書房新社 (1964)

山内清男「縄紋土器型式の細別と大別」『先史考古学』1-1　先史考古学会 (1937)

小林行雄「形式・型式」『図解考古学辞典』東京創元社 (1959)

コリン・レンフルー, ポール・バーン(池田裕・常木晃・三宅裕監訳, 松本建速・前田修訳)『考古学一理論・方法・実践一』東洋書林 (2007)

芹沢長介「3時代法」『考古学ゼミナール』山川出版社 (1976)

V. G. Childe, Man makes himself, London (1936)

V. G. チャイルド著(ねず・まさし訳)『文明の起源(上)(下)』岩波新書66 岩波書店 (1951)

コリン・レンフルー著(大貫良夫訳)『文明の誕生』岩波現代選書 (1979)

佐原真「農業の開始と階級の発生」『岩波講座日本歴史1』岩波書店 (1975)

近藤義郎「前方後円墳の成立をめぐる諸問題」『考古学研究』31-3 (1984)

제4장

今村峯雄・坂本稔編著『弥生はいつから!?一年代研究の最前線一』歴博2007年度企図録 (2007)

木村勝彦・中塚武・小林謙一・角田徳幸「BC2300年に達する年輪酸素同位体比物差しの構築と三瓶スギ埋没林の暦年代決定」『第29回日本植生史学会大会講演要旨集要旨』(2014)

鈴木正男「フィッショントラック法による黒曜石の噴出年代とウラン濃度の測定」『第四紀研究』第9巻1号 (1970)

鈴木正男「No.14 遺跡出土黒曜石の原産地推定および黒曜石水和層の測定」『三里塚』(財)千葉県北総公社 (1971)

齋藤努監修『必携考古資料の自然科学調査法』考古調査ハンドブック2 ニューサイエンス社 (2010)

田口勇·齋藤努編著『考古資料分析法』考古学ライブラリー65　ニュ
　ーサイエンス社(1995)

中塚武「気候と社会の歴史を診る」『安定同位体というメガネ』昭和堂
　(2010)

中塚武「高分解能古気候データを用いた新しい歴史研究の可能性」
　『日本史研究』646 (2016)

春成秀爾·小林謙一·坂本稔·今村峯雄·尾菩大真·藤尾慎一郎·西本豊
　弘「古墳出現期の炭素14年代測定」『国立歴史民俗博物館研究報告』
　第163集 (2011)

広岡公夫「考古地磁気および第四紀古磁気研究の最近の動向」『第四紀
　研究』Vol.15 (1977)

藤尾慎一郎「土器型式を用いたウイグルマッチ法」『国立歴史民俗博
　物館研究報告』第137集 (2007)

藤尾慎一郎「較正年代を用いた弥生集落論」『国立歴史民俗博物館研究
　報告』第149集 (2009)

藤尾慎一郎『弥生文化像の新構築』同成社 (2013)

光谷拓実『年輪年代法と文化財』日本の美術421　至文堂 (2001)

光谷拓実「年輪年代法と最新画像機器—古建築, 木彫仏, 木工品への応
　用—」『埋蔵文化財ニュース』116　奈良文化財研究所 (2004)

光谷拓実「年輪年代法と歴史学研究」『国立歴史民俗博物館研究報告』
　第137集 (2007)

Bronk Ramsey, C. *Bayesian analysis of radiocarbon dates*,
　Radiocarbon 51(1) (2009)

제5장

小野昭「分布論」『日本考古学を学ぶ』1　有斐閣 (1988)

山崎一雄「遺物はどこでつくられたかー化学分析を中心にー」『考古学のための化学10章』東京大学出版会 (1991)

三辻利一「須恵器が示す古代王権の版図」『科学朝日』12月号 (1985)

馬淵久夫「青銅文化の流れを追ってー鉛同位体比法の展開ー」『続考古学のための化学10章』東京大学出版会 (1986)

都出比呂志「ムラとムラとの交流」『図説日本文化の歴史1』小学館 (1979)

コリン・レンフルー, ポール・バーン(池田裕・常木晃・三宅裕監訳, 松本建速・前田修訳)『考古学ー理論・方法・実践ー』東洋書林 (2007)

大工原農「黒曜石交易システムー関東・中部地方の様相ー」『縄文時代の考古学6』ものづくりー道具製作の技術と組織ー　同成社 (2007)

下條信行「北部九州弥生中期の「国」家間構造と立岩遺跡」『古文化論叢』児島隆人先生喜寿記念論集　児島隆人先生喜寿記念事業会 (1991)

中園聡「墳墓にあらわれた意味ーとくに弥生時代中期後半の甕棺墓にみる階層性についてー」『古文化談叢』第25集　九州古文化研究会 (1991)

佐原真「分布論」『岩波講座日本考古学1』岩波書店 (1985)

宇野隆夫編『実践考古学GIS先端技術で歴史空間を読む』NTT株式会社 (2006)

谷口康浩『環状集落と縄文社会構造』学生社 (2005)

安斎正人「文化理論」『現代考古学事典』同成社 (2004)

제6장

加藤晋平・藤本強監修「考古学と自然科学」全5巻　同成社（1998~
　　2000）

佐藤宏之『ゼミナール旧石器考古学』同成社（2007）

佐藤宏之編「特集：旧石器~縄文移行期を考える」『季刊考古学』132号
　　雄山閣（2015）

篠田謙一『DNAで語る日本人起源論』岩波現代全書　岩波書店（2015）

水沢教子『縄文社会における土器の移動と交流』雄山閣（2014）

제7장

安斎正人・佐藤宏之編『旧石器時代の地域編年的研究』同成社（2006）

ウェンデル・オズワルト著(加藤晋平・禿仁志訳)『食料獲得の技術誌』
　　法政大学出版局（1983）

小杉康・水ノ江和同・谷口康浩・矢野健一・西田泰民編『縄文時代の考古
　　学』全12巻　同成社（2007~2010）

佐藤宏之『北方狩猟民の民族考古学』北海道出版企画センター（2000）

佐藤宏之編『小国マタギ―共生の民俗知―』農山漁村文化協会（2004）

佐藤宏之編『食糧獲得社会の考古学』朝倉書店（2005）

谷口康浩『縄文文化起源論の再構築』同成社（2011）

Kelly, R. L. *The Foraging Spectrum : Diversity in Hunter-Gatherer
　　Lifeways*, Smithsonian Institute Press : Washington and London
　　(1995)

제8장

大澤正己「金属組織学からみた日本列島と朝鮮半島の鉄」『国立歴史民俗博物館研究報告』第110集 (2004)

久保田一郎ほか編『上野Ⅱ遺跡』中国横断自動車道建設予定地内埋蔵文化財発掘調査報告書10　日本道路公団中国支社松江工事事務所・島根県教育委員会 (2001)

斎野裕彦「仙台平野の弥生水田」『吉野ケ里遺跡と東北の弥生』仙台市博物館特別展図録 (1991)

斎野裕彦「水田跡の構造と理解」『古代文化』57-5 (2005)

酒井仁夫編『今川遺跡』津屋崎町文化財調査報告書第4集 (1981)

田崎博之「福岡地方における弥生時代の土地環境の利用と開発」『福岡平野の古環境と遺跡立地―環境としての遺跡との共存のために―』(財)九州大学出版会 (1998)

田崎博之「日本列島の水田稲作―紀元前1千年紀の水田遺構からの検討―」『東アジアと日本の考古学』Ⅴ　同成社 (2002)

中村豊編『国立大学法人徳島大学埋蔵文化財調査室年報2』徳島大学 (2010)

野島永『初期国家形成期の鉄器文化』雄山閣 (2009)

林田和人編『八ノ坪遺跡Ⅰ』分析・考察・図版編　熊本市教育委員会 2006)

藤原哲「弥生時代の戦闘技術」『日本考古学』18 (2004)

藤尾慎一郎「弥生時代の戦いに関する諸問題―鉄・鉄素材の実態と戦い―」『戦いのシステムと対外戦略』人類にとって戦いとは3　東洋書林 (1999)

藤尾慎一郎『弥生文化像の新構築』吉川弘文館 (2013)

村上恭通「弥生時代における鍛冶遺構の研究」『考古学研究』第41巻第
　3号 (1994)

村上恭通『倭人と鉄の考古学』青木書店 (1998)

吉留秀敏編『那珂11ー二重環濠集落の調査ー』福岡市埋蔵文化財調査
　報告書第366集 (1994)

제9장

石野博信『古代住居のはなし』吉川弘文館 (2006)

石野博信・岩崎卓也・河上邦彦・白石太一郎編『古墳時代の研究2ー集落
　と豪族居館ー』雄山閣出版 (1990)

金関恕・佐原真編『弥生文化の研究7ー弥生集落ー』雄山閣出版 (1986)

高橋龍三郎編『村落と社会の考古学』現代の考古学6　朝倉書店 (2001)

武末純一『弥生の村』日本史リブレット3　山川出版社 (2002)

谷口康浩『環状集落と縄文社会構造』学生社 (2005)

제10장

赤澤威『採集狩猟民の考古学ーその生態学的アプローチー』鳴海社
　(1983)

小林行雄『古墳の話』岩波新書342 (1959)

岡田精司「古代伝承の鹿ー大王祭祀復原の試みー」『古代史論集』上
　塙書房 (1988)

佐原真「銅鐸の絵物語」『国文学』第18巻第3号　学燈社 (1973)

中山太郎「穂落とし神」『土俗と伝説』1-4 (1919)

大林太良「穂落神―日本の穀物起源伝承の一形式について―」『東洋文化研究所紀要』32 (1973)

大林太良『稲作の神話』弘文堂 (1964)

春成秀爾「銅鐸の埋納と分布の意味」『歴史公論』3　雄山閣 (1978)

若狭徹『もっと知りたいはにわの世界―古代社会からのメッセージ―』東京美術 (2009)

田中勝弘「思書人面土器について」『考古学雑誌』第58巻第4号 (1973)

金子裕之「平城京と祭場」『国立歴史民俗博物館研究報告』第7集 (1985)

鬼塚久美「人面黒書土器からみた古代における祭祀の場」『歴史地理学』第38巻第5号　歴史地理学会 (1996)

水野正好「招福除災―その考古学」『国立歴史民俗博物館研究報告』第7集 (1985)